LA MÉTHODE HAPPY POP

Mise en pages : Jennifer Simboiselle.

ISBN : 978-2-7029-2939-1

www.editions-tredaniel.com
info@guytredaniel.fr
www.facebook.com/tredaniel.bienvivre
@tredaniel_bienvivre

Constance Garand

LA MÉTHODE HAPPY POP

LE COURRIER DU LIVRE
27, rue des Grands-Augustins
75006 Paris

Sommaire

Prologue

La première fois qu'on m'a dit que j'étais une chamane, ça m'a bien fait marrer. J'ai vu une nana avec une longue robe rouge, un point entre les deux yeux, faisant des bruits bizarres avec sa bouche et plein de petites bêtes de la forêt qui couraient s'asseoir à côté d'elle. Jusqu'à présent, à chaque fois que je chantais chez moi, j'avais, c'est vrai, Oly mon chien qui venait gentiment voir ce qui se passait, mais pas d'oiseaux, d'écureuils ou de daims à l'horizon.

Donc là, assise sur mon banc, au milieu du Sri Lanka, c'était une annonce tout à fait inattendue !

Je rembobine. Nous étions en janvier 2019 au Sri Lanka lors de la première étape de notre tour du monde de six mois avec mon chéri et nos enfants. Ce voyage va transformer nos vies, nos cœurs, notre rapport à l'autre et va totalement chambouler la personne que je suis, mais alors vraiment !

Jusqu'à présent, je suis une femme ordinaire de trente-cinq ans, mariée et mère de deux enfants. Je cherche depuis que j'ai vingt-cinq ans « mon terreau », ça veut dire l'endroit où tous les voyants sont au vert pour moi : la multipotentielle, multipassionnée, l'hyper méga sensible qui aime transmettre, enseigner, faire rire, rencontrer, créer des tonnes de projets et guérir ses blessures.

Alors je suis instit, blogueuse, chroniqueuse de développement personnel, chanteuse. J'écris, j'organise des événements, je rencontre beaucoup de gens, j'écoute, je fédère, je lis tout ce que je trouve sur le développement personnel, j'apprends et je teste sur moi. Ce que je préfère, c'est partager ce que j'apprends et expérimente au quotidien. Je constate que ça résonne chez certains et que ça leur fait du bien. J'accompagne déjà à cette époque certains proches sans le savoir. Je commence un travail de guérison émotionnelle et physique grâce à de merveilleuses rencontres.

Et puis on prend six mois *off* pour vivre une expérience de dingue avec nos enfants. Six mois loin de tout, six mois qui vont nous faire découvrir le sens du mot « liberté ». Après une visite du deuxième jardin botanique du périple (il y en a beaucoup et c'est toujours aussi beau), notre guide nous propose de nous asseoir sur les bancs, car les trois personnes debout vont nous masser. On ne va pas se mentir, le gros kiffe de ce voyage, c'est tous ces massages tous les jours ! La tête, les pieds, les pierres chaudes ; non mais, ils savent vivre ces gens quand même !

Bref, je regarde les trois hommes et j'entre en contact visuel avec l'un d'eux et mon ventre se serre instantanément. Ne me demandez pas pourquoi, je le choisis et m'assois devant lui. Il pose ses mains sur ma tête, je sens un courant chaud qui me traverse et je me mets à pleurer. Je ne comprends pas ce qui se passe, je flippe, évidemment, et j'essaie de me ressaisir mais c'est impossible. Il a ouvert un robinet.

Il me regarde et il me dit : « Toi chamane. »

Et là entre mes larmes, je pense à cette fille qui ulule et je me marre. Parce que moi, deux semaines plus tôt, je suis une petite Boulonnaise sur son vélo vintage Peugeot rose avec son vernis assorti à ses chaussures, pas du tout pieds nus dans l'herbe avec une ceinture qui fait *gling gling* autour de la taille ! Et pourtant, ce mot explique tout ce qui m'arrive : les visions, ce que je vois autour des gens et tout ce que je ressens au quotidien.

Je continue de pleurer pendant deux heures ou plus dans la voiture, j'ai le sentiment de me débarrasser de kilos de tristesse qui était là sans que je le sache. Cette rencontre a été le point de bascule et la première étape d'une longue série pendant ces six mois.

J'ai appris à parler le langage de l'amour, celui des yeux et du cœur avec des personnes qui m'habitent depuis six ans, que je n'oublierai jamais… J'ai appris la bonté, le partage, la générosité, le non-jugement et l'accueil de l'autre. J'ai appris à accueillir mes visions, à utiliser cette énergie apaisante qui me traverse pour faire du bien à ceux qui le désirent.

J'ai appris que je suis une chamane : clairvoyante, clairaudiente et médium.

Alors, j'ai fait comme une grosse boule de pâte à modeler avec tous ces mots et ça donne « énergéticienne ».

À cela, j'ai ajouté tous les outils que j'ai appris et ceux que j'ai créés ces quinze dernières années. C'est de cette recherche personnelle qu'est née ma méthode *Happypop*. Elle fait partie de mon quotidien, de mon hygiène de vie. Des petits outils faciles à mettre en place tous les jours pour reprendre le volant de votre vie à chaque instant !

J'en ai mis certains en musique à travers cinq chansons dans un style pop ! Je dirais même happy pop ! Ces chansons m'ont portée. Enregistrées en 2016, elles ont fait danser mon cœur pendant cinq ans et accompagné ma transformation. Car chanter permet de dire ce que l'on tait.

J'ai la liberté chevillée au corps. Alors chercher, déconstruire puis reconstruire mon indépendance émotionnelle et psychologique a été une évidence !

Mais la magie n'existe pas ! Le travail, lui seul, porte ses fruits.

Alors après des années d'auto-application, cinq ans sur plus de trois mille personnes au cabinet, je peux vous dire que les résultats sont là et qu'il n'y a que vous qui puissiez vous prendre en main ! Vous êtes la personne la plus importante de votre vie !

Visualisez dans votre cœur une caisse, un joli sac, ce que vous voulez mais un contenant vide pour y déposer les outils choisis tout au long de votre lecture. Il faut que ces outils soient légers, faciles à utiliser dans votre journée et que ça vous parle, je dirais même que ça vous amuse !

Alors on y va ?

On commence avec HAPPYPOP : un mot, un geste qui fait du bien. Je vous explique : chaque jour, vous êtes traversé par des millions de pensées, qui engendrent des émotions qui stimulent votre système nerveux et qui génèrent des réactions. Alors de temps en temps, en conscience, pour revenir dans le présent, vous pouvez vous murmurer HAPPYPOP comme une respiration, un souffle pour stopper le tourbillon de votre vie et revenir ici et maintenant. Il y a le geste à associer au mot, nous le verrons plus tard, pas forcément évident à faire en réunion (!) mais pourquoi pas avec les enfants !

Voilà, ce livre va ressembler à ça : de nombreuses propositions. Et ce sera à vous de piocher ce qui sonne juste ou pas. Et vous savez quoi ? Il n'y a que vous qui avez les réponses ! C'est votre travail personnel parce que c'est votre vie et même si je suis clairvoyante, je ne suis pas vous, je n'ai pas votre passé, vos conditionnements, vos croyances… Je ne vis pas à travers votre prisme !

J'utilise des images et références simples pour que tout soit très accessible. Alors amusez-vous et partez à votre rencontre !

***Happypopez* bien !**

Constance

Ps1 : Il aura fallu ce livre et cette intro pour que je prononce enfin ces quatre mots : je suis une chamane (moderne… je vous expliquerai !)

Ps2 : Toujours pas de longue robe rouge mais une vie dans la nature avec Chips et Oly et des oiseaux qui squattent mon cabinet et ma maison comme s'ils étaient chez eux ! Et à toutes mes sœurs chamanes dans le monde, je sais bien, hein, que ma description de base était assez pathétique, mais voilà parfois le mental cadenasse notre être profond avec toutes sortes de jugements et de croyances délirantes. C'est cette reconnexion au cœur qui permet petit à petit de se rencontrer dans son essence pure et de s'ouvrir à un monde tellement plus grand…

Avec toute ma bienveillance,

Constance

*Vous serez guidé dans la découverte de ces outils musicaux grâce à des QR codes tout au long de votre lecture ! Vous avez les paroles à chaque fois, alors chantez bien ! Vous trouverez les cinq chansons sur toutes les plateformes d'écoute en tapant Constance Garand.

Introduction

À vingt-cinq ans, je souffrais de migraines chroniques environ trois fois par semaine, de problèmes de digestion après chaque repas et de douleurs musculaires qui me faisaient pleurer de souffrance. Trois ostéopathes m'ont diagnostiqué une fibromyalgie. Puis j'ai rencontré une thérapeute qui m'a parlé d'« hypervigilance corporelle » due à des traumatismes vécus pendant mon enfance, et une lumière s'est allumée. Mes muscles étaient tendus 24 h sur 24 pour être prêts à fuir en cas d'agression. Ce qui générait des douleurs dans mes mollets, dans mes bras, dans mes épaules, dans mon dos, des migraines et des problèmes de digestion.

Ce fut mon premier déclic ! J'ai commencé à chercher ce qui se passait dans mon corps. J'ai acheté des tonnes de livres sur le cerveau, la psychologie, le développement personnel, le corps. J'ai pris rendez-vous chez des praticiens en médecines alternatives.

Attention, en 2009, on chuchotait les noms de ces « gens-là ». Le rayon ésotérisme de la Fnac se résumait à deux bibliothèques qui étaient réservées aux illuminés ! J'étais du coup une aventurière rebelle et un peu folle dingue à la recherche du grain de sable qui coinçait mon corps. Je l'ai trouvé après quelques années, il avait un nom : le silence !

Le jour de la naissance de ma fille. Tout a explosé ! C'était une question de vie ou de mort.

J'étouffais sous mes non-dits, ma pseudo-perfection, mon contrôle de ma vie, mon brushing après chaque lavage de cheveux (omg c'était fou quand même), mes fringues nickel, je pleurais derrière mon sourire, je hurlais sous ma carapace, je ressentais comme un poids sur mon plexus en permanence qui m'empêchait de prendre de longues respirations, j'étais fatiguée tout le temps, je disais mercredi à la place de merde devant mes enfants (depuis, ça a bien changé ah ah !). J'avais tellement peur qu'on me juge, qu'on me rejette, que je disais oui à tout et on disait de moi que j'étais une superwoman. Et vous savez quoi, ça me faisait trooooop plaisir !

Donc j'ai pété les plombs, j'ai commencé par régler un certain nombre de dossiers bien moches vécus pendant mon enfance, j'ai jeté mon lisseur, mon fer à repasser, mes talons, mes tenues de Bree, j'ai commencé un blog fun pour me marrer, je suis sortie du « *game* » de ma vie, je n'ai pas vu certaines personnes pendant trois, quatre ans pour pouvoir me découvrir et me donner le droit d'être la vraie version de moi, pas celle que les autres attendaient, cette bulle m'a permis de me rencontrer. J'ai fait quatre trous dans mon oreille gauche, j'ai failli m'asseoir sur le fauteuil du « tatoueur minute » à Juan-les-Pins mais j'ai eu trop peur à la dernière seconde… mais j'y retournerai, je le sais. J'ai enregistré mes chansons en studio, j'ai posé des limites infranchissables avec certaines personnes de mon entourage, j'ai repris le sport chaque semaine, je me suis levée pendant deux ans à 5 h 30 pour avoir du temps pour moi avant d'avoir ma journée *full* de 7 h à 23 h. Aujourd'hui, on appelle ça le *miracle morning* mais moi en 2015 j'ai appelé ça « lève-toi ou crève »… Chacun son p'tit nom, hein !

Je me suis transformée. Je suis née une seconde fois le 3 janvier 2013, je me suis reconnectée à moi en même temps qu'à ma fille et je lui ai surtout fait la promesse qu'ils ne porteraient jamais, elle et son frère, mes traumas et que j'avais du taf mais que j'allais tout faire pour les libérer de mon histoire ! J'ai traversé la France avec mes enfants dans la voiture puis un petit bout du monde pour rencontrer des guérisseurs, chamanes, rebouteux, car mettre des mots sur ce que j'avais vécu ne suffisait pas, il fallait guérir mon corps, mon cœur et mon âme. J'ai lu tellement de livres (*big up* à Mélanie la responsable du rayon développement personnel à la Fnac de Boulogne !) que j'ai même fait une semaine de « détox livres » où je n'avais pas le droit d'ouvrir un bouquin ! Fou rire avec mon chéri ! J'ai travaillé, travaillé et retravaillé. Chaque personne que j'ai eue l'honneur de rencontrer sur mon chemin m'a expliqué comment transformer mon passé en force, puis, lorsque mes capacités extra-sensorielles sont revenues, elles m'ont guidée à apprivoiser le flux d'énergie, à l'utiliser, à comprendre mes visions et tous les messages que je recevais.

En guérissant mon corps, j'ai appris à m'exprimer. En guérissant mon cœur, j'ai appris à m'accueillir, à me respecter, à poser mes limites, à respecter mes besoins, à aimer, à m'aimer, à pardonner, à construire, à faire confiance, à souffrir sans fuir, à prendre des coups sans fermer mon cœur, à m'être fidèle quoi qu'il arrive, à faire confiance à la vie, à semer des graines et à récolter les fruits, à partager, à donner, à écouter, à recevoir, à dire non et merde !

La première personne à qui j'ai fait un soin est une très bonne amie depuis quinze ans. Nous étions dans un café et elle m'a dit : « Demain, tu me fais un soin. » J'étais tétanisée. Je l'ai finalement reçue quelques semaines plus tard chez moi pour me lancer. Lorsque je me suis connectée à elle, j'ai eu des visions très précises sur un traumatisme qu'elle avait vécu. C'était troublant, car elle ne m'en avait jamais parlé. Comme c'était mon premier soin, je me suis dit que j'hallucinais et que tout cela était vraiment n'importe quoi. Je lui ai quand même posé la question pour vérifier et elle s'est mise à pleurer. Elle m'a avoué ne jamais en avoir parlé à qui que ce soit, et que c'était complètement dingue que je puisse voir tout ça. Je l'ai rassurée et je lui ai proposé de nettoyer cette mémoire pour de bon. La suite du soin était magnifique et libératrice. J'ai commencé tout doucement avec des proches, puis leurs amis, cousins, pères, mères, grands-mères… J'ai respecté mon rythme et musclé mon leadership personnel énergétique pour accompagner au mieux les personnes qui le désiraient. J'ai créé des ateliers les week-ends en plus des consultations afin de proposer un travail personnel profond. Quelle joie d'y recevoir des médecins, sages-femmes, gynécologues, psychologues, pédopsychiatres et thérapeutes qui pour certains faisaient quatre heures de train pour venir au cabinet !

Je suis convaincue que l'on ne peut pas accompagner les autres sans s'être fait accompagner. Je le suis toujours quand j'en ressens le besoin : réflexologue, chamane, ostéopathe… depuis plus de seize ans. J'ai l'impression de passer le relais avec ce livre et à travers les soins que je donne au cabinet. Je suis chaque jour tellement heureuse et honorée de transmettre cette énergie apaisante. J'espère en avoir saupoudré ce livre pour que les mots scintillent dans vos cœurs ! Car comme disait ce cher Apollinaire : « Il est grand temps de rallumer les étoiles » !

Aujourd'hui à quarante et un ans, il m'arrive d'avoir des maux de tête après certains dîners festifs mais je n'ai plus de migraines toutes les semaines, plus de problèmes digestifs après chaque repas et plus de douleurs chroniques dans mon corps. Dans ma trousse de toilette, vous ne trouverez que du Doliprane pour mes enfants et basta.

Ce n'est pas un miracle, c'est un chemin de guérison qui a duré quinze ans, et ce n'est pas fini ! Je ne pense pas que l'on puisse guérir une bonne fois pour toutes nos blessures et j'ajoute que ces blessures font de nous la personne que nous sommes aujourd'hui. Je n'aspire qu'à traverser les aléas de la vie confiante et sereine, à être capable de tenir la barre de mon bateau libre quoi qu'il arrive et à m'apporter l'amour qui m'est nécessaire à chaque pas sur ma route pour pouvoir le transmettre aux autres.

Je n'ai pas écrit ce livre pour convaincre qui que ce soit ! Je l'ai écrit pour toutes les Constance de vingt-cinq ans et plus qui cherchent des réponses à leurs questions. À toutes les personnes qui ont envie de transformer leurs blessures en devenant actrices de leur vie. J'ai écrit un livre dans lequel je partage tout ce qui m'a fait du bien, tout ce qui m'a aidée à me redresser quand c'était dur, à déconstruire des schémas quand c'était nécessaire pour ensuite reconstruire du plus beau, plus grand ! C'est petit pas par petit pas que j'ai construit une confiance absolue entre ma petite Constance et moi (cf. chapitre 1 !)

Je suis si heureuse que vous teniez ce livre dans vos mains. Je vous souhaite une magnifique aventure et de magnifiques transformations dans votre vie.

Cette méthode n'est pas un roman qui se lit chapitre après chapitre. Je vous invite cependant à commencer par le chapitre 1 qui vous permet de vous reconnecter à votre enfant intérieur et ensuite à aller piocher ce qui vous parle ! Griffonnez votre livre, cornez-le, stabilotez-le, faites-le devenir vôtre ! Glissez-le dans votre sac pour vos dix minutes dans le train ou métro journalier. Vous pouvez également le poser sur votre table de nuit et l'ouvrir au hasard avant de vous coucher, y faire un petit exercice avant d'éteindre la lumière. Laissez infuser, faites des pauses quand vous le sentez et revenez-y comme on rend visite à une bonne copine à qui l'on peut se confier.

Savez-vous que d'après une étude, si vous passez 17 minutes par jour pendant 365 jours à travailler sur vous à travers des lectures, exercices, visualisations… votre vie se transforme ? On y va ?

Je vous souhaite un merveilleux voyage dans votre cœur ! *Happypop* veut dire « explosion de joie », alors, que ce livre à travers ces nombreux exercices vous accompagne dans la construction de votre confiance en vous, en vous reconnectant à votre joie !

Amusez-vous bien !

Constance

1

Comment se reconnecter à son enfant intérieur ?

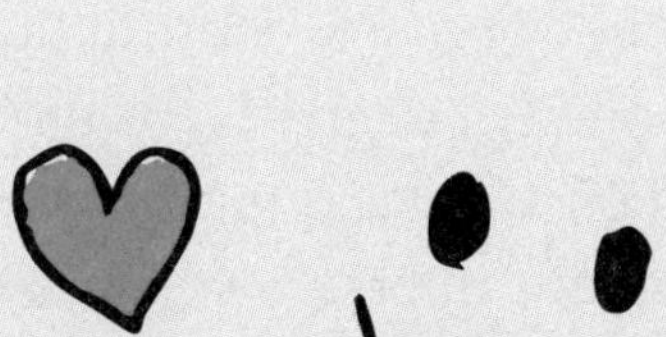

J'ai un scoop pour vous ! Je sais que votre enveloppe corporelle d'aujourd'hui a un âge : 20, 30, 40, peu importe… en dessous vivent tous les « vous » d'avant ! Ils n'ont pas disparu à chaque fois que vous avez soufflé vos bougies. Ils se sont juste gentiment rangés pour certains et carrément planqués pour d'autres. Le but de ce chapitre est de vous apprendre à vous reconnecter à toutes ces parties.

Accueillir et se relier à son enfant intérieur est LA clé pour se défaire de maux dont vous souffrez adulte. Pas besoin d'avoir vécu de lourds traumatismes pour avoir inconsciemment stoppé la connexion avec votre enfance… Et pourtant, c'est elle qui vous permet de vous aligner avec votre identité profonde et vos talents. Comment savoir si vous êtes en lien avec votre mini ? Vous êtes joyeux !

Avez-vous vu *Vice Versa* 2 ? Lorsque « joie » dirige Riley, celle-ci est dans le *flow*, elle flotte sur la glace, elle est dans un état de grâce et son talent s'exprime tout en fluidité, elle est connectée à son cœur. Elle ne fait aucun effort particulier pour atteindre son objectif, elle a confiance en elle, en la vie. Elle est libre d'être qui elle est. Confucius, lui, dit : « Choisis un travail que tu aimes et tu n'auras pas à travailler un seul jour de ta vie. » Alors je vous vois venir avec votre premier degré ! Si, bien sûr que tout le monde travaille, mais quand on aime ce que l'on fait chaque jour et qu'on est connecté à son enfant intérieur/sa joie, chaque action est un plaisir et non plus une corvée ! Donc, vous n'avez plus l'impression de travailler puisque vous êtes dans le *flow*. Vous me suivez ?

Vous êtes construit comme une poupée russe : quand vous l'ouvrez, vous découvrez une succession de poupées de tailles différentes.

Celle qui nous intéresse particulièrement aujourd'hui est la toute petite du milieu. C'est elle, la personne la plus importante de votre vie. Elle sait tout, elle est votre boussole et VOUS en êtes responsable.

Imaginez qu'au centre de votre cœur, il y a une porte. Derrière celle-ci vit votre enfant intérieur. Il est là 24 h/24, 7 j/7 depuis toujours. Il sait tout de vos joies, de vos peines, de vos traumas, de vos victoires, de vos frustrations, et il a éperdument besoin de vous.

Qu'est-ce que ça veut dire ?

Ça veut dire que les gens qui vous entourent, même les plus proches, ne sont pas télépathes. Donc, c'est à vous et vous seul de veiller à honorer vos besoins tous les jours. Vous êtes le gardien de votre équilibre personnel. Prenons un exemple concret : regardez dans Koh-Lanta comme les personnes se déploient pour garder leur feu allumé ! Elles se relaient la nuit. Elles le couvrent avec leurs vêtements quand il commence à pleuvoir... Elles en prennent soin pour ne pas qu'il s'éteigne !

C'est exactement la même chose pour vous. Plus vous êtes présent au quotidien pour vous, plus vous construisez de la sécurité autour de ce feu dans votre cœur. C'est ce qu'on appelle la sécurité intérieure. C'est le socle, la base de votre construction. C'est votre chape de béton pour ensuite pouvoir monter les murs de votre maison !

Plus votre enfant intérieur est en sécurité, plus vous vous ancrez dans votre vie, plus vous retrouvez votre capacité à choisir ce qui est bon pour vous. Nous avons tous des besoins de base identiques : manger, boire, dormir… mais quels sont ceux qui sont nécessaires à votre bien-être personnel ?

Quels sont vos besoins ?

Vos besoins sont nécessaires à votre équilibre émotionnel et psychique, ils vous permettent de vous sentir complet. Si vous êtes passionné de tennis, cela peut être de jouer une heure par semaine. Si vous êtes passionné d'art, c'est de faire une expo par mois. Si la musique vous permet de lâcher prise, cela peut être d'éteindre votre portable à 21 h et d'écouter de la musique l'heure suivante…

Listez vos trois besoins quotidiens : (exemple : passer du temps dans la nature, rire, écrire, chanter…) et notez à côté les actions simples à faire pour atteindre votre but ! Engagez-vous à les honorer chaque jour du mieux que vous pouvez. Vous allez vite constater un réel mieux-être.

À côté de chaque besoin, notez l'action à intégrer dans votre routine : chanter → Je choisis une chanson à chanter tous les jours sous ma douche.

....

....

....

....

....

....

....

. . . .
. . . .
. . . .
. . . .
. . . .
. . . .
. . . .
. . . .

LES TIPS DE CONSTANCE

Pour celles et ceux qui me diraient : « Oui mais c'est égoïste de penser à moi avant les autres ! Je dois d'abord m'occuper des autres et s'il me reste du temps je le prendrai pour moi ! » FAUX

Regardez dans la nature, la maman oiseau doit manger en premier pour pouvoir nourrir ses petits oisillons, sinon ils meurent ! Bon, c'est moins direct pour nous mais au sens figuré, si vous ne vous nourrissez pas, votre feu interne s'éteint et la colère, la frustration prennent le relais et engendrent tout un tas de complications psychologiques ou physiques.

Alors, allez-y ! Regardez ce qui vous fait du bien et essayez de l'honorer chaque jour ! Nous allons continuer cet exercice en rédigeant un contrat de vous à vous.

On passe notre temps à signer ou à faire des contrats avec les autres. Je vous propose de vous en créer un rien que pour vous, où vous vous engagez à respecter.

................................, ...

LIEU DATE

Je soussigné ....,
m'engage de tout mon cœur à honorer
mes trois besoins : ....

....

....

chaque jour avec joie.
Je ressens déjà l'impact et l'enthousiasme
de cet engagement personnel dans ma vie.
Je prends mes responsabilités
et je deviens le capitaine de ma vie !

....

SIGNATURE

« Grandir n'est pas s'enrichir de quelque chose de nouveau, mais découvrir ce que l'on a déjà à l'intérieur. »

ALEXANDRE JOLLIEN

Je vous propose, maintenant, différents outils mêlant introspection, accueil et reconnexion afin de mettre en lumière vos vérités profondes et vos potentiels oubliés.

Trois exercices rapides, simples et très efficaces à inclure dans votre quotidien (ce sont mes exercices phares qui portent leurs fruits depuis cinq ans !)

Leur but ? Créer un espace intérieur sécurisant. La sécurité intérieure permet à chaque individu de développer son individualité, son indépendance émotionnelle, psychologique et de se reconnecter à son essence.

Ces exercices permettent, en quelques minutes, de vous recentrer et d'affiner votre capacité de discernement, qualité essentielle pour prendre des décisions en lien avec ce qui est juste pour vous.

Passons à la pratique avec un exercice très simple d'échange avec votre enfant intérieur.

Comment prendre soin de votre enfant intérieur ?

La photo

Cherchez une photo de vous lorsque vous aviez dix ans ou moins. Accrochez-la au miroir de la salle de bains. Normalement, vous vous lavez les dents deux fois par jour, on est d'accord ?

Donc tous les matins, la brosse à dents dans la bouche, vous pouvez simplement demander à votre enfant intérieur comment il va, s'il a bien dormi.

Et le soir, questionnez-le sur sa journée ! Si vous entendez une réponse, ne paniquez pas, c'est tout à fait normal, c'est simplement le signe que le lien est là, profitez !

Ce dialogue intérieur permet de remettre de la bienveillance entre votre mini[*] et vous. Parce que le matin, quand on se regarde dans la glace, on n'est pas vraiment en mode compliment, donc ce petit échange recrée un lien doux, nourrissant et sécurisant.

Si vous sentez que dix ans n'est pas le bon âge, prenez une photo qui allume quelque chose en vous. Si l'année de vos quatorze ans a été difficile, car vos parents ont divorcé, allez prendre soin de ce mini.

On a tendance à rejeter certaines parties de nous qui ont souffert en même temps que le traumatisme lui-même. C'est une protection de notre subconscient pendant notre enfance. Il est important de comprendre que cette construction est bienveillante et que son seul but était de nous protéger. Notre travail d'adulte est d'aller questionner ces programmes, d'aller rassurer notre enfant intérieur afin de retrouver notre pleine liberté et notre joie.

Quelle photo avez-vous choisie ? Pourquoi ? Qu'est-ce que votre moi adulte va offrir à votre mini ?

. . . .

. . . .

* Mini : diminutif mignon pour désigner votre enfant intérieur.

....
....
....
....
....
....
....
....

Vous avez tellement à vous offrir !

Avez-vous déjà vécu ce moment improbable où pour une broutille vous avez littéralement pété les plombs ? Pour un rien, vous êtes entré dans une colère noire ? Et où dix minutes plus tard, vous vous demandiez ce qu'il s'était passé ? Comment avez-vous pu vous énerver comme ça ?

On revient à la poupée russe. Ce n'était pas le « vous » d'aujourd'hui mais bien une partie de vous blessée qui a été restimulée par un événement. Dans ce cas-là, il est important d'y revenir, de découvrir le déclencheur et de rassurer la partie de vous qui en a besoin.

Votre nouveau geste préféré : la main sur le cœur

Main gauche ou droite, comme vous préférez. Revenons à l'exemple du dessus, celui où vous avez perdu patience. La plupart du temps, après une dispute « hors contrôle », nous culpabilisons. Je partage souvent l'image des coups de fouet que l'on se donne puisque c'est exactement ce qui se passe. On va se demander comment on en est arrivé là… pourquoi ?

Et nous activons notre système nerveux dorsal (je vous explique tout cela dans le chapitre 3), celui du désespoir avec des « je suis trop nul, incapable de maîtriser mes émotions à mon âge, c'est pathétique, j'y arriverai jamais… »

Je vous propose une tout autre manière de procéder.

Prenons un exemple basique en voiture.

Un jour, j'étais, depuis quarante minutes, porte d'Auteuil sur la file de l'A13 pour rentrer chez moi, quand une voiture déboule à droite pour carotter la file, et là je n'ai plus répondu de rien. Ni mes mots, ni ma colère ! J'étais une folle furieuse, dangereuse même ! Après mon incendie intérieur, je suis allée voir ce qui s'était joué en moi.

Pourquoi cette voiture m'avait activée et transformée en une personne peu recommandable ? Parce que, dans les faits, on s'en fout ! Cette voiture m'a fait perdre une minute. Donc, avec mon cerveau de femme de quarante ans, il n'y avait aucune raison de s'emporter comme ça.

Mais mon histoire personnelle a été ponctuée d'injustices. Donc, je sais que chez moi, ma limite par rapport à ce genre de situation est très fine. J'arrive à rassurer la partie de moi qui en a besoin quand je suis alignée, mais, fatiguée, je constate qu'il y a encore du travail sur ce point. Et c'est OK. Le plus important est d'en être conscient et de s'accompagner au mieux dans ce genre de situation.

Nous sommes des êtres humains et les changements se font pas à pas. Donc, quand vous êtes challengé sur une thématique, la bonne question n'est pas « pourquoi ? » mais « qu'est-ce que cet événement dit de moi ? »

Vous pouvez, après vous être posé ces questions, poser une main sur votre cœur. Plus vous le ferez, plus vous enverrez à votre corps le signal « je suis là ». C'est une sensation qui consolide votre fondation intérieure.

Et 80 % du temps, ce sont les sensations corporelles qui engendrent les émotions qui génèrent ensuite les pensées (Stephen Porges, 1996). Alors une petite caresse sur le cœur synchronisée à un mot doux, à une pensée rassurante ou à une émotion aimante est une douce rééducation de votre système nerveux. Cela vous permet de sortir du mode survie et de revenir au mode vie (nous y reviendrons plus tard).

Vous pouvez « entendre » comme des réponses dans votre cœur, si ce n'est pas le cas, prenez une feuille de papier blanche et écrivez votre conversation : que se passe-t-il ? Raconte-moi…

LES TIPS DE CONSTANCE

Lorsque vous sentez que vous traversez une période d'inconfort émotionnel. N'hésitez pas à porter un bracelet ou pendentif de quartz rose. Son énergie nourricière et réconfortante nous entoure d'amour et nous permet de nous pardonner et de nous respecter dans toutes circonstances. C'est une pierre que j'offre souvent en cadeau de naissance ! Une belle pierre ronde à mettre dans la chambre du bébé pour apaiser ses pleurs et ses inquiétudes.

Écrivez !

L'écriture, qui est notre troisième outil, permet de passer la barrière de l'inconscient et de lâcher le mental. Nous ne sommes conscients que de 5 % de nos pensées, ce qui veut dire que 95 % d'entre elles sont inconscientes. L'écriture est un outil puissant pour partir à la découverte de notre mini*.

Ces trois petits exercices sont fondamentaux. Ils n'ont l'air de rien et pourtant, si vous les intégrez dans votre quotidien, vous allez voir des changements très rapidement. Se considérer, s'écouter, se regarder, s'accueillir, voilà ce que je vous propose. Une nouvelle hygiène de vie, avec vos règles et votre tempo !

Imaginons qu'un adulte indépendant émotionnellement et psychiquement est à l'image d'un gros gâteau à la crème. Vous savez, une belle tropézienne avec du sucre glace dessus. Lorsque nos besoins ne sont pas OK, que nous faisons passer constamment les autres avant nous et que nous avons activé le mode robot, c'est comme s'il nous manquait une part de gâteau. Nous allons chercher à combler avec l'extérieur : une clope, un (deux, quatre) verre de vin, trois cents euros chez Zara le jeudi et on finit par se faire rembourser le vendredi. Tous ces stratagèmes sont des compulsions qui nous donnent l'impression de remplir le vide en nous. Or c'est un leurre puisqu'en passant la porte de sortie de chez Zara, on ressent déjà le manque (les expertes en achat compulsif comprendront !). C'est en s'alignant avec notre mini et en honorant nos besoins que nous ressentons ce sentiment de complétude. C'est en travaillant main dans la main avec votre mini que vous serez un magnifique gâteau à la crème !

J'aime partager mes idées en image. Mon but est de rendre tous ces outils très accessibles et compréhensibles, pas de jargon ésotérique dans mon cabinet ! Les personnes comprennent en dix secondes et on rit tellement !

Et en faisant cela :

1. J'honore mon besoin de rire.
2. Je permets de fixer l'image dans la mémoire de la personne puisqu'on associe une émotion à un apprentissage et c'est bingo pour l'hippocampe (glande du cerveau qui permet de transférer de nouvelles infos dans la mémoire à long terme, pas le petit animal trop chou qui vit dans la mer…)

Partage de consultation

Sylvie, soixante-treize ans, vient deux fois par an depuis quatre ans pour nettoyer ses casseroles (ce sont ses mots). Indépendamment du soin, elle me partage son retour sur l'exercice de la photo dans la salle de bains. Nous avons commencé par un tout petit bébé puisque Sylvie a été abandonnée à la naissance par sa mère. Toute sa vie a été conditionnée par une terreur d'être abandonnée. Notre principal travail ensemble a été de nettoyer ce traumatisme et de tout mettre en œuvre pour construire une profonde sécurité intérieure et transformer Sylvie en femme tout terrain, capable de se donner tout ce que sa mère ne lui avait pas donné. Pendant notre dernier entretien, elle me confiait le fait que sa petite fille grandissait d'année en année et qu'elle éprouvait le besoin de changer sa photo au fur et à mesure. Elle sent que quelque chose s'est construit en elle, une force profonde, invisible. Cela lui permet de prendre du recul sur les choses qui lui prenaient trop d'énergie. Vous êtes les artisans de votre vie et vous savez de quoi vous avez besoin. J'étais très émue de voir à quel point chaque personne s'approprie à sa façon ces outils et les adapte à ses besoins du moment. Cette année, c'est sa mini de cinquante-deux ans qui est dans sa salle de bains !

Accueillir son enfant intérieur dans son cœur

Je vous propose de vivre un moment magique dont vous vous souviendrez toute votre vie. À travers la méditation suivante, vous allez partir à la rencontre de votre enfant intérieur. La méditation permet d'accéder à une réalité profonde de votre cœur loin du mental et de vos préoccupations quotidiennes. Je vous souhaite une magnifique expérience !

Allongez-vous dans un endroit calme où vous ne serez pas dérangé par du bruit, des enfants, des animaux de compagnie. Le mieux est d'enregistrer cette méditation sur votre téléphone et de l'écouter mais voyez le mieux pour vous, tout est bien. Si des pensées comme : « je dois vider le lave-vaisselle, j'ai oublié d'envoyer ce mail » arrivent, accueillez-les et laissez-les passer pour revenir à la méditation. Bon voyage !

Vous allez faire trois grandes respirations profondes, lentement, détendez votre corps. Vous pouvez imaginer vos pieds qui se relâchent, s'enfoncent dans le sol (comme le fromage à raclette une fois déposé dans la machine !) puis votre souffle remonte dans vos mollets, vos genoux, vos cuisses. La détente se propage dans votre bassin, votre taille, votre poitrine puis vos bras, le cou pour terminer son chemin sur votre visage qui se lisse à son passage. Imaginez de l'air sous votre corps et respirez dans cette flottaison.

Vous allez imaginer que vous êtes allongé au milieu d'une forêt de pins. Sous votre corps, vous pouvez sentir les épines des arbres. Sentez cette douce odeur typique de ces arbres et profitez de ce magnifique décor. Au-dessus de vous, vous pouvez admirer ces conifères majestueux qui tanguent dans le vent. Il fait chaud, votre corps profite de l'ombre dans laquelle vous êtes allongé. Vos oreilles sont attirées par un bruit d'eau tout près de vous. Vous allez vous relever doucement. Vos pieds nus entrent en contact avec le sol. Vous découvrez des sensations de mousse, de pomme de pin et d'autres réjouissances de la forêt. C'est doux et ça pique en même temps, ces découvertes vous font sourire et vous rappellent que ces pas sont à l'image de votre vie : douce et piquante parfois.

Plus vous avancez, plus vous identifiez que le bruit d'eau est une chute. Vous vous dirigez vers la réjouissante mélodie, tout en découvrant les lieux. Arrivé devant la chute, vous passez vos pieds dans la cascade. Un frisson traverse tout votre corps. L'eau doit être à dix-sept degrés mais elle lave vos pieds et vous procure un sentiment de paix. Vous avez l'impression d'un vide derrière la chute, alors vous tentez de la traverser, juste pour voir ! Vous arrivez dans une grotte.

Tout à coup, vous sentez une chaleur au fond de votre cœur, comme une lumière qui se rallume après de nombreuses années. Au bruit de l'eau se mêlent des cris d'enfants, comme une récréation. Vous avancez serein et impatient de découvrir les secrets de cette grotte. Un escalier étroit se trouve en face de vous. Les marches sont en bois avec une rampe lisse, douce qui appelle votre main. Plus vous descendez, plus vous entendez les voix.

Au bout de quelques minutes, vous arrivez devant une porte. La chaleur de votre cœur se propage dans votre dos. Vous sentez que ce moment est un cadeau et vous entrez dans une pièce. Une belle lumière vous accueille et vous vous retrouvez entouré d'enfants qui jouent à la marelle, à chat, à la corde, au foot. Personne ne vous a vu arriver, chacun continue ce qu'il est en train de faire. Vous déambulez dans cet espace jusqu'à ce que vos yeux s'arrêtent sur un enfant qui vous est familier. Il sent votre regard posé sur lui et il se retourne vers vous, curieux. Vos regards entrent en contact et vous comprenez que cet enfant, c'est vous. Vous ressentez des émotions diverses et vous l'invitez à vous mettre tous les deux dans un coin de la pièce pour pouvoir discuter tranquillement. Vous pouvez lui demander s'il a des choses à vous dire. Vous avez peut-être, vous, des choses à lui confier. Faites ce qui vous semble juste pour vous à cet instant. Peut-être avez-vous envie de le prendre dans vos bras, de lui dire que vous l'aimez, que vous êtes tellement heureux de le retrouver. Chacun d'entre vous va vivre un moment différent et c'est OK. Prenez votre temps. Profitez de ce beau moment.

À la fin de votre conversation, vous découvrez que votre cœur scintille de doré et qu'une douce chaleur émane de tout votre corps.

Quand vous vous sentez prêt, vous pouvez proposer à votre enfant intérieur de venir avec vous. Main dans la main ou côte à côte, vous traversez la grande pièce et vous vous dirigez vers la porte. Remerciez l'univers, avant de quitter les lieux, pour ce moment magique que vous venez de vivre. Faites passer votre enfant intérieur devant vous pour assurer ses arrières, puis remontez doucement l'escalier. Peu à peu, vous sentez que ce lien, qui était dans l'obscurité, refait surface d'une façon étrangement naturelle. Vous passez la chute d'eau ensemble et chaque pas vous reconnecte à une partie qui ne demande qu'à être aimée. Vous avancez dans la forêt tout en discutant et en profitant de ces retrouvailles.

Une fois arrivé à l'endroit où vous étiez allongé, vous allez vous mettre en face de votre enfant intérieur. Tout doucement, vous pouvez lui dire qu'à partir d'aujourd'hui, vous êtes là pour lui. Qu'à chaque instant il peut compter sur vous. Que les manques du passé, vous êtes prêt à les accueillir peu à peu et à venir les guérir en le remplissant d'amour. Vous pouvez le prendre dans vos bras, imaginez que vous fusionnez et qu'il vient prendre la place qui lui revient dans votre cœur. Accueillez les émotions qui montent, respirez.

Quand vous le sentez, vous pouvez vous rallonger dans l'herbe, ressentir les épines et les pommes de pin que vous devinez sous votre dos. Sentez cette béatitude qui habite votre cœur. Profitez quelques minutes. Sentez à quel point tout est juste et que vos retrouvailles sont le début d'un merveilleux voyage ensemble !

Puis, quand vous le désirez, vous pouvez bouger vos pieds, vos jambes, vos mains et revenir petit à petit ici et maintenant. Vous pouvez ouvrir les yeux et ressentir que quelque chose a changé et c'est tellement coooollllll ! Bravo à vous !

J'ai proposé cette méditation lors de mes ateliers « Femmes et énergie » que j'ai animés pendant cinq ans. J'ai eu toutes sortes de retours que j'aimerais partager avec vous, car chaque aventure pendant cette méditation est différente et ne se passe pas toujours comme prévu. L'idée est de lâcher prise et de ne surtout pas essayer de contrôler quoi que ce soit.

Retour 1 : Amélie

« Je n'ai pas trouvé ma petite fille dans la salle des enfants. » Ce constat a provoqué beaucoup de tristesse pendant l'atelier. Amélie avait vécu des choses très difficiles et avait coupé tout lien avec sa mini. Deux semaines plus tard, j'ai reçu un appel pour me raconter que sa mini était venue en rêve et qu'elle était allée la chercher en méditation pour l'installer dans son cœur. Oh joie !

Parfois, cette méditation sèmera simplement une graine et vous la verrez pousser au fil des jours et semaines…

Retour 2 : Emma

« Ma mini n'a pas voulu venir avec moi, elle est restée avec les enfants. » Dans les premiers temps, Emma rendait visite à sa mini dans la grotte jusqu'au jour où la confiance est revenue et où elles sont sorties ensemble…

Retour 3 : Julie

« Ma mini ne me parlait pas et ne me parle toujours pas. Elle est venue mais ne me dit rien. » Après quelques semaines où Julie a pris le temps de se connecter à sa mini tous les jours et de lui donner de l'amour et de l'attention, elle a entendu les confidences de sa mini, ce qui l'a profondément réveillée et conduite sur son chemin de guérison. Et la relation avec sa fille de dix ans s'est débloquée et améliorée en quelques semaines !

N'oubliez pas, chacun son rythme !

Prenez quelques minutes pour noter/dessiner ce que vous venez de vivre et ressentir tout au long de la méditation :

« Nous devons écouter l'enfant que nous étions autrefois, l'enfant qui existe toujours au fond de nous. Cet enfant comprend les moments magiques. Nous pouvons étouffer ses cris, mais nous ne pouvons pas taire sa voix. »

PAULO COELHO

Maintenant que le contact est réinstallé avec votre mini, il est temps d'aller décortiquer vos relations avec vos parents. Très souvent en consultation, je nettoie des non-dits, de la colère refoulée depuis parfois trente, quarante ans contre un parent. Assainir vos relations avec eux est primordial pour créer des relations de confiance avec votre entourage. Le but de ces exercices est de retrouver de la paix. Le pardon, s'il est nécessaire, vous sera expliqué au chapitre suivant.

Quelles sont vos relations avec vos parents ?

Le premier point de bascule est de comprendre que vos parents sont des êtres faillibles, qu'ils ont fait de leur mieux avec ce qu'ils avaient. Cette prise de conscience permet de les descendre de leur piédestal. Enfant, vos parents sont absolument tout pour vous. Un repère affectif, un modèle, une sorte de *safe place* globale. Or nombreux sont ceux qui n'ont pas eu une enfance idéale. Rassurez-vous, chacun son histoire et même si pour certains l'histoire commence mal, de belles relations peuvent se construire en deuxième partie de vie !

Il est temps de sortir vos poubelles ! Vous allez prendre deux feuilles blanches d'ordinateur et écrire une lettre pour chacun de vos parents. Elles seront déchirées donc lâchez-vous ! Laissez votre main courir sur le papier. Si vous avez besoin de régler vos comptes, faites-le ! Si vous avez honte de ce que vous allez écrire, osez ! Personne ne vous juge, ne vous regarde, tout finira déchiré ou brûlé, alors foncez ! Le but est de sortir ce que vous avez gardé pour vous depuis trop longtemps ! Cet exercice peut être éprouvant, faites-le à votre rythme et accueillez les émotions qui vous traversent, elles ne font que passer. Si un événement qui vous semble sans intérêt vous vient à l'esprit, écrivez-le !

Cet exercice permet de mettre en lumière et de nous défaire des non-dits, rancœurs ou fantasmes non avoués. L'adulte que vous êtes accompagne l'enfant à voir les choses à travers un nouveau prisme et sa présence rassurante permet à l'enfant d'exprimer sa vérité sans crainte… Ces lettres sont des vidanges émotionnelles, le bien qu'elles procurent est indescriptible !

Vous pouvez terminer sur du positif en vous offrant quelques lignes de gratitude pour les belles choses que vous avez reçues.

. . . .

. . . .

. . . .

. . . .

. . . .

Voilà une bonne chose de fait ! Comment vous sentez-vous ? léger ? libéré ? fort ?

Je vous propose, dès à présent, de vous lancer dans une découverte pleine de surprises. Celle de **vos parents idéaux** ! Peu importe ce que vous avez reçu, pas reçu dans le passé…

Cherchez au fond de vous quelle aurait été enfant ou quelle serait dans votre vie d'aujourd'hui votre mère idéale ? Pourquoi ? Décrivez-la physiquement, moralement, psychologiquement.

Comment se comporte-t-elle ? Pourquoi ? Qu'incarne-t-elle pour vous ?

Si des émotions surgissent, accueillez-les de tout votre cœur et sachez que c'est le signe d'une libération.

. . . .
. . . .
. . . .
. . . .
. . . .
. . . .
. . . .
. . . .
. . . .
. . . .
. . . .
. . . .

Après ce travail d'écriture, ce sera à vous de faire vivre toutes ces trouvailles dans votre vie. Car vous pouvez incarner ces rôles au quotidien pour votre mini* et vous ! Tout ce que nous faisons dans l'invisible a un impact dans le visible. Plus vous vous apportez du soutien et de l'amour, plus vous renforcez votre puissance intérieure. Et tout commence par savoir ce que l'on veut…

C'est au tour de votre père maintenant. Reprenez les questions du dessus. Décrivez-le en détail…

. . . .
. . . .
. . . .
. . . .

. . . .
. . . .
. . . .
. . . .
. . . .
. . . .
. . . .
. . . .

Bravo ! Vous avez fait un bilan sur ce dont vous avez besoin ! À vous de jouer ! Pour ceux qui sont parents, qu'avez-vous découvert ?

Prenez quelques secondes pour répondre à ces trois questions :

Quel parent êtes-vous pour vos enfants ?

. . . .
. . . .
. . . .

Ressemblez-vous à votre père idéal ou à votre mère idéale ?

. . . .
. . . .
. . . .

Que pourriez-vous mettre en place pour vous rapprocher de votre description ?

. . . .
. . . .
. . . .

Quel bonheur de constater pendant les ateliers que vous essayez déjà pour certains d'incarner les valeurs de ces parents idéaux pour vos propres enfants de façon inconsciente ! Ajoutez votre mini* dans votre team et vous allez vous transformer !

Continuons à écrire (#Passionécriture !) mais cette fois-ci en prenant de la hauteur, en changeant de prisme.

Je vous propose un petit jeu de rôle ! **Si vous étiez un ami de vos parents, que verriez-vous ?**

Le jeu est de décrire vos parents de façon objective comme si vous étiez un ami, un collègue. Une description neutre en les remettant à leur place de simples Terriens qui ont fait de leur mieux. Sans affect, en restant le plus factuel possible.
Ex. : Sandrine est née le 18 mars 1957, elle a deux sœurs et un chat. Sa mère travaille à la poste et son père est enseignant... Au décès de son père à quinze ans, elle entre en pension...

....

....

....

....

....

....

....

....

....

....

....

....

....

....

Cette distance permet de prendre un peu de hauteur et de changer l'histoire que l'on se raconte. Non pas pour gommer ou oublier, simplement pour faire un pas de côté. C'est le changement qui permet d'avancer sur notre chemin de guérison et chaque pas, aussi petit soit-il, permet de grandir !

Partage de consultation

Karine, cinquante-trois ans. « Tu sais, Constance, quand ma mère est décédée, j'ai reçu de nombreuses lettres de ses amies. Tous me décrivaient une femme que je ne connaissais pas. C'était très troublant. J'avais l'impression qu'on parlait d'une inconnue. J'ai découvert que ma mère était une femme formidable, aimante, fidèle en amitié. Alors qu'à la maison, elle était très dure, elle criait beaucoup, faisait des crises de colère incontrôlables et ne m'a jamais dit "je t'aime". Dans un sens, j'étais heureuse de savoir qu'elle était une bonne amie. C'est finalement dans la mort que je l'ai rencontrée et depuis je me sens en paix. Je m'apporte cet amour qui m'a tant manqué et j'avance sur mon chemin de guérison. »

N'oublions pas que nos parents ne sont pas QUE parents et qu'ils ont une vie à côté avec leur passé, leur histoire, leurs problèmes.

Le but de tous ces exercices est d'affiner notre mode d'emploi.

Quand vous commandez un meuble Ikea, vous recevez les pièces détachées. Si vous n'avez pas le mode d'emploi, ça ne va pas être facile à monter, on est OK ? C'est pareil pour vous ! Plus vous vous connaissez, plus vous faites la lumière sur ce qui vous a blessé, ce qu'il vous faut pour être bien, plus vous serez en mesure d'avancer sur la bonne route ! Plus votre GPS intérieur est précis, plus vous pouvez subvenir à vos besoins !

Il est temps de vous faire du bien. De prendre un petit moment rien que pour vous.

Je vous invite à vous visualiser assis sur un banc avec votre mini.

Nous sommes les champions pour pointer du doigt ce qui ne fonctionne pas dans nos vies. Quel dommage et surtout quelle perte de temps ! Quand on sait que nous sommes vibrations, nous comprenons que plus nous vibrons le manque, plus nous attirons du manque dans notre vie. À l'inverse, plus nous cultivons la gratitude et donc l'amour, plus nous attirons du positif dans nos vies !

Changer de vibration est possible en quelques minutes ! Le secret ? La gratitude !

Le pouvoir de la visualisation

Notre cerveau ne fait aucune différence entre le réel et l'imaginaire. La visualisation est un outil magnifique, car il permet de reprogrammer le subconscient en lui faisant vivre des scènes choisies avec soin.

Imaginez-vous assis près de votre mini dans un beau jardin sur un banc, où un endroit que vous aimez. Vous pouvez le prendre dans vos bras.

Imaginez dans vos mains un album photo. C'est l'album de votre vie. Je vous invite à regarder toutes les bonnes choses que vous avez vécues, les belles personnes que vous avez rencontrées, les expériences qui vous ont transformé. Vous pouvez même voir que les moments d'inconfort que vous avez traversés vous ont apporté leur lot de joie quelque temps plus tard. À chaque fois que vous avez une image, un son, une émotion, dites merci du fond du cœur. Montrez à votre mini à côté de vous le chemin parcouru ! Si des moments désagréables apparaissent, accueillez-les, gardez-les dans le coin de votre tête, nous nous en occuperons dans le prochain chapitre. Mettez de la joie dans votre cœur, ressentez l'immense amour lié à ce mot magique qu'est merci !

Prenez votre temps, profitez.

Cet exercice est à faire et à refaire. Cultiver la gratitude est un outil puissant dans le développement de notre magnétisme, dansotre capacité à manifester la vie de nos rêves. Sentez comme votre *vibe* a changé en quelques minutes ! Osez dire merci !

Notez les 5 moments/personnes/expériences qui vous procurent le plus de gratitude :

....

....

....

....

....

....

....

....

....

....

....

....

....

Gardez-les précieusement, ils sont votre trésor !

Pas toujours facile de trouver du temps pour faire une visualisation.

Et si vous le faisiez en musique ? Si vous aviez une chanson qui serait votre rendez-vous gratitude, celle de votre mini et vous sur le banc ? Une chanson de trois minutes dans vos oreillettes dans le métro/train/bus, dans votre voiture ?

Je vous la présente, elle s'appelle **OSE** et vous trouverez sur toutes les plateformes d'écoute en tapant Constance Garand.

Paroles de « Ose » :

Allez aime, ose, vis
Passionnément à la folie
Allez aime, ose, vis
Passionnément à la folie

À toi ma jolie princesse,
Ton charme et ta jeunesse

T'empêchent un peu de voler
Libère-toi de ton passé

À toi mon aventurière
Provoque ta vie et sois fière
À travers tes pas de danse
Ta raison se balance

Allez aime, ose, vis
Passionnément à la folie
Allez aime, ose, vis
Passionnément à la folie

Stop ! Écoute-toi vraiment,
Agis, ne perds pas de temps,
Fais craquer, valser ton carcan
Sois une femme, plus une enfant

Allez aime, ose, vis
Passionnément à la folie
Allez aime, ose, vis
Passionnément, à la folie

À toi qui es aujourd'hui assise sur ce banc
Tu fredonnes tout doucement le mistral gagnant
Tu as bien grandi, tes yeux verts sont pétillants
Tu me dis viens, tu prends ma main, en avant

À toi qui fais de ta vie ce que tu veux
Tu sautes, tu cries, on en rit toutes les deux,
Assise sur ce banc, tu me serres contre toi
Cette liberté est la tienne, garde-la

MÉMO POP

C'est votre sécurité intérieure qui vous permet d'être indépendant émotionnellement et psychologiquement. Alors, prenez soin, chaque jour, de votre enfant intérieur !

Honorer vos besoins personnels, chaque jour, vous équilibre.

En étant à l'écoute et bienveillant avec votre enfant intérieur, vous renforcez votre alignement.

Écrivez ! Pour évacuer vos doutes, vos peurs, colères... Faites-vous ce cadeau !

Utilisez la visualisation pour des moments de gratitude avec votre mini et chantez « Ose » !

2

Comment transformer ses failles en force ?

J'aime l'idée que tout est guérissable car transformable. Je le sais, car je l'ai vécu. On passe des années à essayer d'oublier, à cacher, à ne plus penser ou à se couper de son passé. Nous construisons de nombreuses barrières de protection pour ne plus être en contact avec ce qui nous fait souffrir. Mais un jour ou l'autre, nos blessures viennent nous démanger pour enfin être prises en charge, soignées, et pour amorcer la phase de cicatrisation. Je sais que vous êtes pressé de boucler ce travail, que vous avez peut-être peur de remuer les vieux dossiers, c'est normal, mais sachez que vous vous offrez le plus beau des cadeaux. Votre enfant intérieur n'attend que ça et l'amour que vous allez mettre dans ce chapitre est à l'image d'un câlin que l'on fait à un enfant : chaud, doux et tellement réconfortant… vous sentez ?

Courage ! Si vous avez acheté ce livre, c'est que vous êtes prêt pour ce magnifique voyage !

Le pardon

Et si votre guérison commençait par le pardon ? On pense souvent que le pardon est tourné vers l'extérieur alors qu'il commence dans votre cœur. On commence par se pardonner soi-même de tout ce que l'on n'a pas pu dire ou faire.

Le pardon est un acte de liberté pour soi. On ouvre la cage dans laquelle on est enfermé avec notre colère, notre tristesse, parfois depuis des années ! J'entends souvent en consultation des personnes me dire : « Oh c'est bon, oui, j'ai pardonné depuis longtemps » mais lorsque je me connecte à leur âme, je me retrouve dans une immense colère contre elles-mêmes ! Se pardonner, c'est poser une caresse sur son cœur, c'est poser une attention pleine d'amour sur ce qui nous fait mal.

Connaissez-vous la différence entre pardonner/se pardonner, excuser et se réconcilier ? Elle est fondamentale pour désamorcer cette culpabilité qui pointe souvent le bout de son nez dans nos rapports aux autres.

Prenons l'exemple de Pascale qui a subi des abus sexuels de son cousin entre ses huit et dix ans. Après plus de quinze années de travail sur elle, elle se sent prête à pardonner. Se pardonner de ne pas avoir pu lui dire de sortir de sa chambre, de ne pas avoir hurlé, de ne pas avoir prévenu ses parents, sa maîtresse, d'avoir subi. Elle se sent prête à sortir de cette cage d'impuissance et de peur dans laquelle elle est enfermée depuis trente ans. Elle a compris que son cousin était un homme fragile et dysfonctionnel et que ses actes ne parlaient que de lui. Elle lui pardonne d'être un homme faillible. En revanche, elle n'excuse pas les faits, ni les propos qu'il a tenus quand elle a tout avoué à sa famille. Elle ne veut plus le voir de sa vie, lui souhaite le meilleur mais loin d'elle. Elle ne désire pas se réconcilier.

Vous voyez la différence entre pardonner, excuser les faits et se réconcilier ?

Ne vous mettez pas la pression, car parfois on pardonne dans un premier temps et quelques années plus tard on se sent prêt pour la next step ! Ou pas… Écoutez-vous ! Il n'y a pas de règle, il y a juste un cœur qui cicatrise à son rythme… c'est magnifique !

Partage de consultation

Pierre est venu me consulter, car il est en grande souffrance lorsqu'il doit parler en public. Il a un poste à responsabilité, gère une équipe de neuf personnes. Il est un très bon manager en *one to one* ou en équipe réduite mais dès qu'il se retrouve à devoir parler devant un groupe inconnu ou ses supérieurs hiérarchiques, ça coince. Quand je me connecte à lui, je me retrouve dans la cuisine de son enfance. Cet événement l'a tellement traumatisé qu'il est inscrit en lui avec une grande précision. Je suis capable de lui décrire le papier peint ! Je me retrouve devant un petit garçon qui se fait hurler dessus par son père. Cette scène est d'une grande violence verbale et psychologique. Pierre a onze ans. Il est tétanisé. Il y a du monde dans la cuisine, pourtant personne ne vient le défendre ou s'interposer. Aucun son n'arrive à sortir de sa bouche et un sentiment d'impuissance coule dans tout son corps.

Lorsque je lui partage ma vision, il est très surpris. Il reconnaît le papier peint de la cuisine de sa grand-mère et se souvient parfaitement de cette scène. Il est d'autant plus troublé, car il en a reparlé à son père il y a quelques années et il pensait l'avoir réglée. Il m'explique que son père a eu une enfance difficile, que ses colères n'étaient pas contre lui mais parlaient de la souffrance de son père. Il lui avait pardonné ! Oui, mais il ne s'était pas pardonné à lui. Il ne s'était pas pardonné son silence, son immobilisme, sa soumission d'enfant de onze ans (qui ne pouvait pas faire autrement, on est bien d'accord). Il était encore enfermé dans une cage de ressentiment.

Cet événement avait scellé différentes croyances dans le subconscient de Pierre :

- Je suis incapable de faire sortir le moindre mot de ma bouche quand je suis devant une forme d'autorité/supérieur hiérarchique.
- Quand je suis dans un groupe, je suis en insécurité.
- Je n'ai aucun pouvoir sur mon corps qui se fige à la moindre peur.

Après le nettoyage de toutes ces mémoires et la transmission des outils qui suivent, Pierre anime désormais des présentations, serein et apaisé. Il découvre à quarante-quatre ans qu'il est un bon orateur et qu'il y prend même du plaisir ! Se pardonner à lui-même lui a permis de découvrir des potentiels cachés depuis des années.

Réparer un moment douloureux du passé

Prenez quelques minutes pour vous. Nous allons réparer un moment douloureux de votre passé en utilisant la visualisation.

Fermez les yeux et retrouvez dans votre bibliothèque de souvenirs un événement de votre enfance où vous avez vécu un moment inconfortable. Imaginez que vous rejouez ce souvenir en donnant la main à votre enfant intérieur. Fort de votre présence sécurisante, il peut exprimer en toute confiance ce qu'il n'avait pas pu verbaliser à l'époque des faits. Écoutez-le et appelez la ou les personnes concernées à participer à cette réparation. Une fois que votre enfant intérieur a terminé de parler, demandez aux autres protagonistes s'ils désirent s'exprimer à leur tour. À chaque instant, vous pouvez intervenir pour défendre ou appuyer les mots de votre enfant intérieur.

Ressentez ce qui se passe dans votre corps. Visualisez votre cœur qui s'ouvre et se remplit de lumière. Cette visualisation permet des réparations profondes et magnifiques.

Je le fais parfois en direct pendant un soin et la personne s'apaise instantanément. Se rendre justice en visualisation, même si les événements sont lointains, est très réparateur, mais sachez que votre job est de vous rendre justice tout au long de votre vie.

Comment ? En étant juste. En étant dans le respect de qui vous êtes, en étant dans votre vérité. Parfois, il faut un peu de temps pour se remettre d'une situation et trouver le message que l'on veut partager. Il n'est jamais trop tard pour vous exprimer.

Il n'est jamais trop tard pour passer un appel ou frapper à la porte du bureau de Michel qui vous a mal parlé pendant la dernière réunion. « Toc toc toc, excuse-moi Michel, je voulais revenir sur la réunion de jeudi dernier, je n'ai pas apprécié la façon dont tu m'as parlé devant tout le monde. À l'avenir, merci de ne plus t'adresser à moi de cette façon. Bon après-midi ! »

Je vous assure que « même une semaine après » :

1/ Vous avez cloué le bec de Michel ! Rien n'est plus percutant qu'une phrase réfléchie, exprimée en étant ancrée qu'une réaction à chaud qui ressemble aux aboiements d'un petit chien énervé !

2/ Il ne recommencera plus. Si cela se reproduit une nouvelle fois, reformulez cette même phrase avec aplomb ! Vous l'aurez déjà fait une fois, donc ce sera plus facile, croyez-moi. Si cela se reproduit encore et encore, vous êtes en face d'une personnalité dysfonctionnelle… Nous ferons les présentations dans les chapitres qui suivent.

Revenons à la ligne du temps et à l'exemple de Pierre. Imaginons qu'il se retrouve devant son père avec son mini de onze ans et celui d'aujourd'hui. Le grand Pierre demande à son père d'arrêter de hurler, lui explique que ce n'est pas une façon de parler à un enfant et qu'il peut sortir faire un tour pour se calmer et revenir quand il se sentira apaisé. Le grand Pierre prend son mini dans ses bras et lui demande s'il a envie de lui dire quelque chose. Il accueille. Quand son père revient, il peut demander à l'enfant s'il désire s'exprimer. Le père peut avoir envie de s'exprimer également, c'est OK, et le dialogue entre les trois personnes continue jusqu'au moment où la paix arrive dans le cœur de Pierre.

Une visualisation peut réparer le traumatisme. Si vous sentez qu'il serait bon de revenir, faites-le ! Vous sentirez quand ce sera terminé. C'est comme une cicatrice qui ne fait plus mal. Elle est toujours là, mais quand on passe le doigt dessus, elle est indolore.

Notez une situation que vous avez envie de réparer. Cela peut être la dispute à Noël dernier avec votre cousine, des mots de votre ami qui vous ont blessé mais vous n'avez rien osé lui dire ou un sujet beaucoup plus profond qui vous pèse depuis des années.

. . . .

. . . .

. . . .

. . . .

Gardez une trace de votre première réparation, c'est un moment fort en émotion. Cet outil vous accompagne sur votre chemin du pardon, il est en vous maintenant, alors n'hésitez pas à l'utiliser aussi souvent que nécessaire !

Je vous invite à vous offrir une petite chose matérielle pour marquer ce moment. Un pendentif, un objet symbolique à poser sur votre table de nuit pour vous féliciter pour ce merveilleux travail que vous faites !

« Le vrai pardon est quand vous pouvez dire : Merci pour cette expérience. »

OPRAH WINFREY

Si la visualisation seule n'est pas encore évidente, prenez un stylo et écrivez !

Continuons à remettre de l'amour sur certains événements de notre passé ! Prenez une feuille blanche et un stylo. Il n'y aura pas d'espace prévu pour cela dans ce livre, car le but de l'opération est de vous en débarrasser !

Le pouvoir salutaire de l'écriture n'est plus à prouver ! Véritable « chasse d'eau de l'esprit », elle permet d'évacuer les émotions et pensées qui tournent en boucle dans vos têtes !

Choisissez une personne qui vous a fait du mal et écrivez-lui une lettre. Lâchez-vous, vous n'êtes pas là pour être poli ou poète ! L'écriture pour libérer les non-dits est une chasse d'eau du mental. Alors, allez-y ! Écrivez tout ce qui vous passe par la tête. Le but est de sortir les émotions stagnantes, de sortir vos poubelles !

Une fois que la lettre est terminée, vous ne la relisez pas et vous la déchirez en petits morceaux, et poubelle. Puis **imaginez-vous sous une pluie de pétales de rose ou sous une douche de lumière remplie d'amour**. Vous sentez comme votre cœur est léger ?

Remplissez votre cœur d'amour

Gardez votre stylo, on continue à écrire ! Cette fois-ci, écrivez une lettre pour… vous ! Une lettre pour vous féliciter pour tout ce chemin parcouru, une lettre pour célébrer votre force et votre courage. Une lettre d'amour pour vous ! On y va ?

Choisissez un joli carnet pour garder une trace de ce moment. Prenez le temps, installez-vous, faites-vous un thé, allumez une bougie et remplissez-vous de douceur et d'amour. Prenez soin de choisir les mots justes, les mots qui vous touchent. Faites vibrer votre cœur de mots doux. Honorez la personne que vous êtes aujourd'hui !

LES TIPS DE CONSTANCE

Savoir se dire je t'aime rend heureux, fort, fier, ancré. S'aimer inconditionnellement quoi qu'il arrive est la plus haute fréquence vibratoire, celle qui vous rend magnétique, rayonnant ! Rappelez-vous qu'on oubliera à quoi vous ressemblez, on oubliera ce que vous avez dit mais on n'oubliera jamais comment on s'est senti auprès de vous ! Plus vous vous aimez, plus ce que vous dites est inspirant et lumineux, plus il est bon d'être dans votre lumière !

Que vous souhaitez-vous dans un an ?

Après la lettre pour votre « vous » d'aujourd'hui, que vous souhaitez-vous dans un an ?

Vous allez vous offrir un cadeau magique dans quelques minutes. À l'ère des mails, notifications LinkedIn et j'en passe, les seules lettres que nous recevons sont : des factures d'électricité, des contraventions ou des lettres à gratter pour gagner le sac de l'été ! Et si vous vous écriviez une lettre pour votre « vous » dans un an ? Que vous souhaitez-vous ? Où voulez-vous être ? Qui voulez-vous être ? Quel projet voulez-vous réaliser ? Quelles rencontres avez-vous envie de faire ?

Écrivez-la sur un joli papier, mettez-la dans une enveloppe timbrée avec votre adresse et confiez-la à une personne de confiance en lui demandant de vous la poster dans un an. Vous pouvez lui proposer de le faire avec vous, ce sera plus simple de se souvenir de les poster à deux ! Vous verrez votre émotion et votre joie dans un an quand vous découvrirez votre lettre ! Vous oublierez l'avoir écrite et tout l'amour que vous mettrez à l'intérieur (ton aimant, rêves, souhaits) viendra réchauffer votre cœur.

Quelles sont les trois choses principales que vous souhaitez à votre « vous » + 1 an ?

. . . .

. . . .

. . . .

. . . .

. . . .

. . . .

. . . .

. . . .

. . . .

. . . .

Autonettoyez-vous grâce à la méditation active

Je vous propose de prendre le temps à chaque balade solo dans la nature pour vous décharger en conscience de problématiques, de conversations, d'émotions qui vous pèsent.

Que ce soit dans la forêt, dans la mer, arrêtez-vous quelques secondes dans un endroit calme. Respirez profondément, fermez les yeux et imaginez qu'un robinet s'ouvre au niveau du chakra du cœur. Faites-y sortir ce qui ne vous appartient plus. Visualisez une eau grise qui coule et disparaît dans la terre de la forêt ou au fond de la mer. Visualisez ensuite une lumière blanche et dorée qui réchauffe votre cœur, qui le remplit d'amour. Connectez-vous à elle et laissez-la se diffuser dans tout votre corps.

Intégrez ces quelques minutes dans vos promenades et observez votre transformation après chaque auto-nettoyage express !

Continuons notre travail de détective en nous intéressant à vos limites et croyances limitantes.

Repousser vos limites et vos croyances limitantes ?

Vos limites et croyances limitantes sont le résultat de phrases que l'on vous a souvent répétées, d'expériences passées, de conditionnement culturel, de votre éducation, de la façon de penser de vos parents. Bref, cela vous ficelle et vous empêche d'être en pleine possession de votre libre arbitre et capacité de discernement. Il est donc important de s'intéresser à ces petites phrases qui tournent dans vos têtes pour retrouver votre liberté.

Petit test :

Si vous aviez une baguette magique, que souhaiteriez-vous dans votre vie ? Pourquoi ?

. . . .

. . . .

. . . .

. . . .

Fermez les yeux et imaginez que vous avez déjà ce que vous désirez. Que ressentez-vous ?

. . . .

. . . .

Êtes-vous en route actuellement vers ce rêve ? Si non, pourquoi ?

. . . .

. . . .

. . . .

. . . .

Lorsque vous ressentiez ce rêve comme étant la réalité, avez-vous entendu des phrases du genre : n'importe quoi, tu n'y arriveras jamais, tu es incapable…. Notez-les :

. . . .

. . . .

. . . .

. . . .

Avez-vous entendu ces phrases dans votre enfance ? Est-ce qu'une personne a tenu ces propos à votre égard ?

. . . .

. . . .

. . . .

. . . .

Y croire ne vous a-t-il pas protégé d'une potentielle souffrance ? Que pouvez-vous voir dans le fait d'avoir fait vôtre cette vérité ? Est-ce que vous dire que vous n'étiez pas capable de faire ce projet ne vous a pas protégé d'un éventuel échec qui aurait validé cette croyance ?

. . . .

. . . .

. . . .

. . . .

Qu'avez-vous envie de croire aujourd'hui ? Quels sont les exemples de moments où vous avez été capable d'aller au bout des choses en ayant transformé une difficulté en apprentissage ?

. . . .

. . . .

. . . .

. . . .
. . . .
. . . .

Ces événements, ces personnes, ne vous ont-ils pas apporté quelque chose ? Ne vous ont-ils pas permis d'être la personne que vous êtes aujourd'hui ? N'y a-t-il pas eu du positif après chaque moment difficile ? Surtout quelques années plus tard ? N'avez-vous pas développé certaines compétences pour traverser ces épreuves ? Notez-les :

. . . .
. . . .
. . . .
. . . .
. . . .
. . . .
. . . .
. . . .

N'est-ce pas le bon moment pour reprendre votre pouvoir personnel, pour changer de prisme par rapport à ces événements afin de libérer le blocage ? Cela ne veut pas dire prendre en charge les faits ou émotions de l'autre, mais de vous occuper de ce qui vous blesse encore aujourd'hui. Sur quoi voulez-vous travailler en priorité ?

. . . .
. . . .
. . . .
. . . .
. . . .

Quels sont les outils que vous pensez intégrer dans votre quotidien pour vous engager pleinement dans cette transformation ? Écriture, photo dans la salle de bains, main sur le cœur, gratitude…

. . . .

. . . .

. . . .

. . . .

. . . .

Bravo, continuez votre introspection pas à pas et vous allez renouer avec ce que vous avez envie de croire à partir de maintenant. N'oubliez pas que ces croyances ont un rôle de protection, donc c'est en osant passer à l'action et en vous dépassant dans le réel que vous allez muscler vos nouvelles croyances ! C'est génial !

Il y a d'autres façons de débusquer une croyance. Savez-vous que votre corps vous parle ? Qu'un malaise ou une maladie est l'expression d'un dysfonctionnement émotionnel ?

« Tout être blessé
est contraint à la
métamorphose. »

BORIS CYRULNIK

Le langage du corps

Un malaise ou une maladie montre qu'il y a un blocage dans la bonne circulation de votre flot énergétique. Ce blocage physique vient d'un blocage émotionnel qui est lui-même occasionné par un blocage mental. Cela signifie que vous désirez quelque chose dans le monde physique mais que vos croyances, votre mental bloque ce désir avec des pensées comme : tu n'es pas capable, tu n'es pas assez… La partie affectée du corps physique est reliée au désir qui vibre en vous-même si celui-ci est inconscient.

Voici quelques exemples de maladies ou « mal a dit » récurrentes et de leurs messages. Il est évident qu'il est impossible de relier chaque maladie à une unique histoire affective, mais cette symbolique est intéressante pour commencer à vous questionner. Il s'agit de pistes de réflexion pour parfois mettre en lumière ce que nous refusons de voir.

Un jour, je croise dans notre rue une jeune fille que nous aimons beaucoup. Je lui demande de ses nouvelles et elle m'explique qu'elle sort à peine d'une pneumonie qui l'a mise K.-O. pendant des semaines. Elle reprend des forces peu à peu mais elle se sent encore diminuée. Je lui demande si elle a vécu une grande tristesse dernièrement. Elle me répond, surprise, que oui, elle a perdu sa grand-mère qu'elle aimait beaucoup il y a deux mois. Je lui explique ce qu'est la mort et je l'invite à parler à sa grand-mère et à lui écrire une lettre avec tout son amour. La profonde tristesse et le choc émotionnel provoqués par la disparition de sa grand-mère s'étaient exprimés à travers sa pneumonie.

Notre corps est notre meilleur ami, l'écouter nous permet d'accueillir des croyances et émotions qui ne nous sautent pas forcément aux yeux de manière consciente mais qui nous demandent un peu d'attention.

Angine : liée à la peur de trop en dire ou à la difficulté d'assumer une situation que l'on a créée mais que l'on a du mal à avaler. Difficulté à exprimer ses limites.

Bronchite : révèle une difficulté à s'opposer à une situation, car on ne se sent pas légitime. On n'ose pas broncher.

Constipation : apparaît lorsque l'on a du mal à lâcher prise, à déléguer, à se reposer pour garder le contrôle sur le plan personnel et professionnel. Ou lorsque l'on retient ses mots, sa façon d'être par peur de déplaire ou de ne pas être correct.

Diarrhée : montre une grande sensibilité que l'on n'arrive pas à gérer. On rejette une situation pour ne pas vivre nos peurs au lieu de les affronter et les accueillir.

Eczéma ou problème de peau : se déclenchent lorsqu'on se sent atteint dans son intégrité.

Douleurs articulaires, arthrose : sont liées à une colère, à une rancune que l'on ressent envers quelqu'un d'autre. On a l'impression de faire les choses par devoir pour ne pas déplaire plutôt que par plaisir.

Genou : un problème de genou montre un manque de flexibilité dans la façon de vivre au quotidien. On ne veut plus écouter les personnes qui savent mieux que nous et que l'on juge autoritaires. On ne veut pas plier face aux avis des autres.

Lumbago : évoque la peur d'être coincé. Ou la peur et la culpabilité de ne pas réussir à faire face à nos responsabilités matérielles.

Maux d'estomac : montre notre tendance à ressasser les expériences négatives du passé.

Maux de dos : révèle le fait de porter trop de responsabilités sans recevoir de retour. Parle aussi de notre besoin de soutien, de notre envie d'aider les autres en sacrifiant notre liberté. Il est important de dire non et de revoir notre sens du devoir.

Mauvaise digestion : dit notre difficulté à accepter ce qui arrive dans nos vies et à vivre pleinement le présent.

Migraine : se manifeste lorsqu'on ne se donne pas le droit d'être ce que nous souhaitons. Cette lutte intérieure crée une grande insécurité, car nous ne nous sentons pas à notre place.

Otite : montre l'envie de ne plus entendre des mots qui nous rendent malheureux comme des insultes, des mots dévalorisants, des disputes.

Sinusite : montre le fait de ne plus pouvoir sentir une personne ou un événement particulier.

Un problème de hanche : survient lorsque l'on a du mal à faire des choix concernant le futur : rupture, déménagement, retraite. On a tendance à se laisser arrêter par nos peurs ou cela montre que l'on s'empêche de se reposer lorsque c'est nécessaire.

Alors, la prochaine fois que vous avez mal à la gorge, ne vous dites pas : « zut, j'ai attrapé froid à cause du courant d'air en réunion, j'aurais dû aller chercher mon foulard ! » mais demandez-vous plutôt : « Qu'ai-je vécu hier ou les jours précédents ? Qui ai-je vu ? Est-ce qu'un événement m'a contrarié ? » Regardez s'il ne s'est pas passé quelque chose en lien avec la symbolique de votre maladie. Cette compréhension vous offrira la possibilité de réajuster vos comportements face à certaines situations et à vous transformer !

Après les maladies, c'est au nombre de vous parler ! Ceux-là vous apportent des informations sur votre personnalité et c'est passionnant ! Encore une fois, tous ces outils sont là pour vous offrir un maximum d'informations sur vous. Vous êtes libre d'y croire ou pas, de sentir que cela résonne ou pas, vous avez votre libre arbitre à chaque instant.

La numérologie, c'est quoi ?

La numérologie est une étude des nombres et de leur symbolique. C'est une pratique ancienne pleine de surprises !

Connaissez-vous le chiffre de votre chemin de vie en numérologie ? Calculé à partir de votre date de naissance, votre chemin de vie vous révèle vos talents et défis que vous êtes susceptible de rencontrer au cours de votre vie. Parfois appelé « chiffre de la destinée », ce numéro a une vibration et une signification unique. Il est une sorte de carte routière qui vous ouvre des perspectives de compréhension sur vos chemins potentiels de croissance personnelle.

Il vous suffit d'additionner les chiffres de votre date de naissance entre eux : 02/01/1983 : 0 +2 +0 +1 +1 +9 +8 +3= 23

Puis vous additionnez le 2 et le 3 ensemble. 2 +3= 5

Votre chiffre de chemin de vie est le 5.

Les personnes qui ont un chemin de vie 5 incarnent la liberté et l'aventure ! Elles sont curieuses, toujours en mouvement et ont un grand besoin d'apprendre ! Si vous êtes concerné, il est possible que vous raffoliez de documentaire sur des sujets qui vous passionnent ou sur les voyages. Prenez un temps chaque semaine pour faire vivre dans votre cœur ce qui vous anime !

LES TIPS DE CONSTANCE

Si vous avez un 7 dans vos nombres, vous avez un cerveau de « Ferrari » ! Il a besoin de carburant : nouveauté, livres, expos, voyages, rencontres… Prenez soin de bien le nourrir, votre créativité en sera décuplée ! Si votre cerveau n'a plus d'essence, il est possible qu'il cherche à compenser cet état de manque. Vous êtes nombreux à ne pas comprendre vos fringales assouvies dans le frigo ! Certains troubles du comportement alimentaire sont dus à un manque de carburant intellectuel. Alors, la prochaine fois que vous sentez que vous mangez sans faim, sortez, allez à la bibliothèque, commencez votre premier cours de ukulélé ou marketing sur YouTube, organisez vos prochaines vacances, trouvez votre meilleur fioul !

Voici la signification des autres chiffres de chemin de vie :

- 1 : Le leader : auto-détermination et indépendance
- 2 : Le partenaire : harmonie, coopération et équilibre
- 3 : Le communicant : expression sociale et créativité
- 4 : Le bâtisseur : discipline, pragmatisme et fiabilité
- 5 : L'aventurier : liberté, curiosité, changement
- 6 : Le nourricier : protection, soin, responsabilité
- 7 : Le chercheur : analyse, introspection, spiritualité
- 8 : L'entrepreneur : autorité, ambition, pouvoir
- 9 : L'humanitaire : générosité, compassion, sagesse

Vous l'avez compris, si vous êtes le chiffre 1, vous n'avez pas besoin de la même nourriture énergétique que le chiffre 6. Alors, honorez-vous en prenant soin de votre singularité !

Après ces petits éclairages personnels grâce aux différents langages symboliques, revenons à notre question principale : comment transformer ses failles en force ? Pour cela, vous venez de faire tout un travail en conscience. Mais que se passe-t-il lorsque l'on a enfoui ce qui nous fait trop mal ?

Certains ont adopté une technique depuis tout petit. Celle de mettre sous le tapis, de cacher ou de rejeter certaines blessures du passé, car les regarder en face paraît beaucoup trop douloureux, voire insurmontable. Ce sont des personnes qui disent aller toujours bien, qui n'ont jamais de problèmes dans leur vie. Jusqu'au jour où elles vivent leur première crise d'angoisse. La crise d'angoisse survient quand la personne n'arrive plus à contenir ce qu'elle refoule depuis trop longtemps.

« Le véritable courage ne
vise pas à atténuer la peur,
mais à la dépasser. »

CHÖGYAM TRUNGPA

Construisez votre kit de secours interne spécial « crise d'angoisse »

Vous êtes-vous déjà senti oppressé au milieu d'une foule au point d'avoir peur de mourir étouffé ou simplement coincé puisque votre corps ne répondait plus à des demandes simples comme : « Sors de cet endroit ! » ? Avez-vous déjà refusé une fête, car 60 personnes dans 50 m^2 est totalement inenvisageable pour vous, vous sentez déjà la peur à la lecture du SMS ? Savez-vous que tous ces symptômes ont un nom ? Cela s'appelle **une crise d'angoisse**.

Une crise d'angoisse est une prise d'otage de notre corps et de notre cerveau par une peur irrationnelle. Lorsque nous sommes en crise, notre cerveau passe en mode avion, il y a comme un bug géant dans notre système. Alors pitié, si vous êtes à côté de quelqu'un qui panique, ne lui dites pas que sa peur est débile ou qu'elle n'existe pas, vous parlez à un sourd ! Il n'entend rien ! Il EST sa peur, sa capacité de discernement est totalement inhibée, il est persuadé d'être en danger de mort, point final.

La seule chose à faire ou à penser, c'est : je respire ou je compte : 1, 2, 3, 4, 5, 6...

En général, lorsque l'on compte, c'est en arrivant entre 40 et 50 que notre cerveau se rebranche et que le système repasse en ON. J'ai beaucoup compté pendant vingt ans. Je ne savais pas que je souffrais de crise d'angoisse. J'avais organisé ma vie en fonction d'elles : pas de supermarché bondé, pas de manif, pas de foule, pas de concert sans la place collée aux issues de secours, pas de cinéma, pas d'avion sans la place couloir.

Bref, tout était prévu au cas où la panique m'envahirait. Car ce n'est pas la crise le pire. Le pire, c'est la peur de la crise, la peur qu'elle survienne dans le bus, en pleine réunion, à un dîner. Plus on redoute la crise, plus elle arrive. C'est un cercle vicieux qui isole et qui demande beaucoup d'énergie pour la camoufler.

Un jour, j'ai compris ce qui se passait, j'ai mis des mots sur mes sueurs froides, ma gorge serrée, ma vision qui se trouble, mon corps qui se statufie et j'en ai eu assez. Marre de ne pas vivre normalement, marre de toujours prévoir le « au cas où », marre que ma vie soit ficelée pour éviter la crise. Alors, j'ai cherché comment en venir à bout et j'ai lu un livre de psy qui parlait de la thérapie de confrontation. Il expliquait qu'une peur est comme un teaser de film catastrophe. Vous ne voyez que le moment où l'avion explose, où la personne étouffe dans la foule, où elle hurle mais personne ne l'entend. Il fallait donc descendre dans la peur, regarder le film en entier pour au final se rendre compte que le scénario était improbable ou farfelu !

J'ai commencé à écrire mes peurs les unes après les autres et à descendre à l'intérieur, toujours dans des moments de calme. Je l'ai fait et refait avec dévotion et engagement pendant des mois. Ce travail a été fantastique ! Je n'ai plus de crises depuis dix ans ! Alors au boulot ! Avec mes perceptions, je ne suis toujours pas friande des lieux de rassemblement, car je perçois trop de choses, mais mon choix ne dépend plus de mes peurs, mais de mon bien-être et d'une bonne connaissance de mes besoins et ressources personnelles. Ce qui change absolument tout !

Descendez dans votre peur

Je vous invite à descendre dans votre peur en prenant l'exemple d'étouffer dans la foule.

Comment cela pourrait-il arriver ? Est-ce que ça m'est déjà arrivé ? Est-ce que je resterais vraiment figé là tout seul ? Ne serais-je pas capable de compter et ensuite de trouver une solution ? Est-ce que je vais vraiment mourir si ça m'arrive ? Ne pourrais-je pas faire un signe à quelqu'un si j'ai besoin d'aide ? Est-ce que j'ai déjà vu quelqu'un à qui s'est arrivé ? Si oui, que s'est-il passé ? Des personnes sont intervenues et l'ont aidé à se calmer ? Les pompiers sont arrivés et l'on prit en charge ?

Partez d'une de vos peurs et descendez, déroulez tout le film qui tourne dans votre tête. Allez-y !

Que ressentez-vous ? Voyez-vous qu'il y a des solutions, que le teaser était anxiogène mais que le film est improbable ?

Bravo, vous venez de déboulonner votre première construction irrationnelle !

Grâce à ce travail, vous allez vous libérer peu à peu de vos peurs et vous pourrez dire bye-bye définitivement à vos crises !

Pendant une crise, vous pouvez mettre vos oreillettes et écoutez ma chanson DANSE. Connectez-vous à l'histoire de cette fille qui a réussi à transformer ses peurs en force, respirez et laissez-vous porter par les paroles et le piano :

Gorge serrée, rien ne sort,
Les mots sont bloqués, ton cœur bat plus fort
Tout se dessèche, tout est collé
Aucun son ne sort, tu ne peux plus bouger

Tout ce bruit dans ta tête crée la zizanie
Tout ce bruit dans ton corps crée la tétanie
Alors coupe le son et danse, change de fréquence
Appuie sur le bouton, oui danse et recommence

Les mots s'envolent, ton corps se libère
Tes pensées résonnent, tu y vois plus clair

C'est toi qui décides, toi seule peux changer
Les bruits, les images qui agitent tes pensées

Tout ce bruit dans ta tête crée ta mélodie
Tout ce bruit dans ton corps crée ta symphonie
Alors monte le son et danse, choisis ta fréquence
Appuie sur le bouton, oui danse et recommence

Tu sais moi aussi ça m'est arrivé
La gorge serrée et toutes ces pensées
Qui tournent tournent sans s'arrêter
Mais j'ai réussi promis juré
À changer mes peurs en alliées

Tout ce bruit dans ta tête crée ta mélodie
Tout ce bruit dans ton corps crée ta symphonie
Alors monte le son et danse, monte le son et recommence,
Danse…

Créez votre objet de secours en cas de panique

Panique de prendre l'avion, de prendre la parole en réunion, d'exprimer votre opinion pendant un dîner… La peur vit en vous à différents degrés. L'accueillir et avoir un petit grigri de réconfort va vous aider à la dépasser et à devenir plus fort.

Un petit travail manuel pour matérialiser ce que vous venez d'apprendre et un mémo visuel et sensoriel en cas de panique, quand le cerveau se met en *off*, on est content de toucher un truc qui nous rappelle qu'on va y arriver !

J'utilise beaucoup de petites étiquettes perforées que vous trouvez dans toutes les papeteries. Je les accroche sur mon porte-clefs avec l'outil que je choisis de travailler cette semaine, l'objectif que je me suis mis pour les mois qui arrivent... Le voir est une petite caresse pour me rappeler mon chemin !

Prenez une ou plusieurs étiquettes et notez ce qui résume pour vous ce kit de secours :

Par exemple : « 1, 2, 3 » pour vous faire penser à compter et à respirer » ou « regarde autour de toi » pour revenir dans le présent ou « ça va aller » pour ne pas oublier que tout passe.

À cela, vous pouvez ajouter une étiquette avec un mot doux, un dessin, quelques gouttes de parfum. Vous pouvez coller ou nouer un tissu tout doux, accrocher un coquillage perforé...

Créez-vous un porte-clefs de compet' rempli de douceur, qui vous ancre et qui saura vous rassurer si la tempête « panique » s'abat sur vous.

PETIT TIPS DE CONSTANCE

La menthe poivrée en huile essentielle est une précieuse alliée en cas de crise. J'ai fini par tellement aimer l'odeur que j'en ai toujours un flacon au fond de mon sac et je m'en mets volontiers un peu sous le nez quand je suis dans le métro et que les odeurs sont trop fortes !

MÉMO POP

Le pardon est un acte de liberté personnelle.

Prenez quelques minutes pour vous envoyer de l'amour chaque jour.

Profitez de vos promenades dans la nature pour vous auto-nettoyer.

Accueillez vos croyances limitantes avec bienveillance et intégrez un nouvel outil pour activer une transformation.

Votre corps vous parle ! Partez à la recherche du message et couvrez-le d'amour.

Descendez dans vos peurs après une crise d'angoisse afin de prendre conscience du scénario jusqu'à la fin et de le déboulonner pour de bon !

3

Comment décrypter et gérer ses émotions ?

« Comment gérer ses émotions ? » est une question qui revient beaucoup au cabinet. Peur de ses réactions, des yoyos émotionnels, des changements d'humeur rapides et incontrôlables…

La première chose à intégrer est : vous n'êtes pas votre émotion !

Vous n'êtes pas votre colère, votre joie, votre enthousiasme ou votre tristesse. Vous êtes traversé par ces états mais ils ne sont pas vous ! Ils ne vous définissent pas, ils ne sont que des voyants qui s'allument pour vous informer qu'il y a un grain de sable dans votre système interne ! Nous allons voir qu'une émotion peut vous informer d'un dérèglement de votre système nerveux, d'un besoin insatisfait, d'une incompréhension du langage d'amour des personnes qui partagent votre vie ou d'un déséquilibre d'un de vos organes pendant votre sommeil.

Partons à la découverte de ces différentes notions !

Avez-vous déjà entendu parler de vos états de survie ? Ce sont des états qui s'enclenchent automatiquement lorsque vous vous sentez en danger. **Ils ne sont pas vous, ce sont de simples stratégies de survie** !

Le système nerveux, comment ça fonctionne ?

Savez-vous ce qu'est un état de survie ? et un état de vie ? Ce sont ces découvertes qui ont bouleversé ma vie et m'ont donné envie de me plonger dans un travail de détective pour connaître mes trois états de survie et je l'ai même fait avec mes enfants pour qu'ils comprennent leur propre fonctionnement ! Accrochez votre ceinture pour ce voyage intérieur canon !

Imaginez que vous êtes un juke-box (un MP3 pour les jeunes) avec quatre chansons disponibles à l'écoute. Trois qui vous donnent le cafard et une joyeuse. Tous les jours, à chaque instant, vous vous levez, allez bosser, conduisez votre voiture, parlez aux gens, faites vos courses, vous vous occupez de vos enfants, buvez un verre avec vos amis, avec l'une des quatre chansons qui résonne à l'intérieur de vous. Ces quatre chansons sont les voyants de votre système nerveux ! À cela, nous allons découvrir que certaines sensations physiques y sont associées et vous ne pourrez plus passer à côté. Si j'utilise la métaphore de la chanson, c'est parce que nous allons aussi écouter les paroles, celles qui tournent en boucle dans votre tête.

Notre système nerveux est composé de trois états de survie et d'un état de vie. Lorsque nous sommes dans un état de survie, nous sommes dans la réaction. Notre capacité de discernement est dans le brouillard, nous ne voyons la réalité qu'à travers un prisme étroit et déformant lié à notre passé. De nombreuses personnes viennent au cabinet, car elles me disent être fatiguées de septembre à juin. C'est ce dérèglement du système nerveux, ce mode survie enclenché en permanence qui épuise, je vous explique !

Le système nerveux perçoit les messages extérieurs comme des ressources ou des menaces. Normalement, lorsque nous sommes en sécurité, le ventral est activé, ce qui nous apporte paix et sérénité. Si nous ressentons un danger, le dorsal va s'activer pour ralentir notre organisme jusqu'à l'immobilisation totale de notre corps et, enfin en cas de menace, le sympathique s'enclenche pour préparer notre corps à l'attaque ou la fuite.

Or ce stimulus passe à travers un filtre de perception qui est conditionné par ce que nous avons vécu depuis notre naissance. C'est ce prisme déformant qui va choisir la musique à jouer dans votre corps !

Notre système nerveux a donc une influence majeure sur nos choix de vie ! Un état de survie recherche la sécurité, pas le bonheur. Donc, si parfois vous avez l'impression de faire des choix qui ne sont pas forcément alignés avec vos véritables désirs, regardez si la situation était inconfortable… Si c'est le cas, votre mode survie s'est sûrement enclenché.

L'énergie de survie, c'est la peur de manquer d'amour, de temps, de santé, d'argent.

C'est aussi ce système de survie qui nous pousse à vous suradapter et à passer en mode robot dans le contrôle lorsque nous percevons une menace.

Nos quatre états du système nerveux sont :

Le ventral

C'est le seul état de vie ! Avec une santé au top, une vie sociale équilibrée et équilibrante, une envie de sortir, de rencontrer de nouvelles personnes, une ouverture aux autres. On se sent pleinement dans sa justesse, son alignement. On éprouve de la compassion pour les autres, car notre ancrage nous permet d'avoir du recul dans toutes situations. On a accès à l'intégralité de notre potentiel. On se sent en parfaite sécurité à l'intérieur de nous et on sait que l'on est capable d'aller piocher dans nos propres ressources si un problème arrive. Nous sommes dans un état de paix et de plénitude. Nous rayonnons de toute notre lumière !

La chanson de l'état ventral, les pensées qui tournent dans votre tête ressemblent à ça :

C'est magnifique, je me sens bien, j'adore ma vie… Quand arrive une difficulté, je sais que je suis en mesure de trouver une solution. Je me sens capable, je fais des choix pour moi sans me préoccuper de l'avis des autres. J'ai confiance en la vie, je sens que je suis sur mon chemin, je suis connecté à mon intuition. Je peux compter sur moi !

85 % des gens vivent en état de survie. Ce qui les pousse à rechercher la sécurité dans chacune de leurs actions au lieu de rechercher ce qui est bon et juste pour eux !

Découvrons maintenant à quoi ressemblent ces trois états de survie et leurs chansons associées :

L'état de survie dorsal

C'est l'état de la dévalorisation, de la détresse, du découragement. La personne se sent sans importance, vide, inhibée, lente, seule au monde, critiquée par tout le monde. On retrouve des profils qui vivent des états dépressifs, qui procrastinent. On se sent comme figé, le corps semble lourd, et on est sans cesse fatigué.

La chanson du dorsal est : Je me sens nul, je n'ose pas, j'ai honte de qui je suis.

Le sympathique agressif

Comme son nom l'indique, c'est l'état de la colère, de la frustration, de la rage et du dégoût. La personne passe en mode « combat », elle cherche à tout contrôler dans sa vie. Elle a le sentiment d'être oppressée, d'étouffer. C'est l'état de survie de domination qui sépare et qui crée la lutte ; le conflit avec soi-même et contre les autres.

La chanson du sympathique agressif est : c'est moi qui décide, c'est trop lent, les gens sont nuls, je suis supérieur aux autres. La vie est une lutte de tous les jours ! Je me bats contre la vie, contre mes problèmes, contre les autres !

Et enfin, le sympathique fuyant

C'est l'état qui prépare la fuite, celui de l'hypervigilance, vous savez, quand vous êtes en train de regarder une série avec le corps prêt à bondir en cas d'agression extérieure, sauf qu'il ne se passe rien et que tous vos muscles sont contractés pour rien.

C'est également l'état de la perfection. La personne doit toujours faire ce que l'on attend d'elle, même si elle n'en a pas envie. Ce sont souvent des personnes débordées, qui disent tout le temps oui, qui sont responsables de beaucoup de choses qui ne leur appartiennent pas. La personne souffre de burn-out, d'anxiété sociale : « j'ai dit ça hier à mes collègues de bureau, que vont-ils penser de moi ? », « j'ai dit oui pour avoir tous les enfants pendant les vacances mais comment vais-je m'en sortir ? ». C'est un mode de séparation par le déni et la fuite. La personne ressent des gênes physiques comme une lourdeur sur son thorax, la gorge serrée, une respiration qui s'emballe vite.

La chanson du sympathique fuyant est : Je viens d'une autre planète, je ne suis pas fait pour vivre dans ce monde avec les autres, je suis bizarre. J'ai peur de mal faire, de décevoir, de ne pas être à la hauteur, de ne pas dire le bon mot au bon moment.

Tous ces états sont des stratégies de survie, elles ne sont pas vous ! C'est pour cette raison que nous allons chercher à débusquer vos chansons, car une fois découvertes, vous allez pouvoir, petit à petit, rassurer votre système interne, sortir de votre état de survie et revenir un maximum de fois dans votre état de vie…

Prenez-le comme un jeu et reconnaissez vos fonctions « pilote automatique » pour pouvoir reprendre contact avec votre véritable « vous » !

Quelles sont vos quatre chansons intérieures ?

Dans les jours et semaines qui arrivent, tendez l'oreille, programmez quelques réveils journaliers sur votre portable et posez-vous la question suivante : « Dans quel état suis-je ? » Regardez ce qui se joue à l'intérieur de vous, écoutez les mots qui tournent dans votre tête, observez vos sensations physiques et écrivez vos quatre chansons :

Quand je suis en dorsal : (que je me sens désespéré, accablé)

. . . .

. . . .

. . . .

. . . .

. . . .

Quand je suis en sympathique agressif : (que tout le monde m'énerve, que je ne peux compter que sur moi)

. . . .

. . . .

. . . .

. . . .

. . . .

Quand je suis en sympathique fuyant (mais qu'est-ce que j'ai dit ? J'aurais dû…)

. . . .

. . . .

. . . .

. . . .

. . . .

Quand je suis en vie : (la vie est belle, et si je lançais un dîner de dernière minute avec les bons copains ?)

. . . .

. . . .

. . . .

. . . .

. . . .

Connaître vos quatre chansons est le début d'un profond changement ! Vous n'allez plus tomber dans le piège. Vous vous direz simplement, tiens voilà ma chanson de mon mode de survie dorsal : « Je suis nulle, je n'y arriverai jamais », et là vous accueillez et vous allez chercher un des outils vus dans les chapitres précédents : vous pouvez écrire, fermer vos yeux et rassurer la partie de vous qui a été stimulée, prendre le temps de respirer, de regarder autour de vous et sortir du mental, sortir marcher pour revenir dans le présent…

Cette petite gymnastique va devenir naturelle et vos moments de trouble seront de plus en plus courts, car vous savez maintenant qu'il y a de nombreuses solutions à votre disposition.

Car n'ayons pas peur des mots, ce mode survie est en quelque sorte un squatteur interne qu'on n'a pas invité. Pouvoir mettre des mots sur le déclencheur et débusquer votre chanson qui vous coupe de votre identité profonde change absolument tout dans votre vie !

N'oubliez pas que nous sommes des fréquences énergétiques. Donc, plus vous accueillez vos chansons internes, plus vous êtes à même de remonter votre fréquence vibratoire, de vous reconnecter à votre centre, à votre essence et à votre joie !

Et si nos émotions nous envoyaient des messages ? Si je vous parle d'intelligence, certains d'entre vous penseront grandes écoles, diplômes, mathématiciens. J'aimerais vous parler d'une autre forme d'intelligence, une intelligence reliée à des sens subtils, celle de l'amour et de l'accueil absolu de soi.

« Où serait le mérite, si les héros n’avaient jamais peur ! »

ALPHONSE DAUDET

Qu'est-ce que l'intelligence émotionnelle ?

« L'émotion est la source principale
de toute prise de conscience. »

CARL GUSTAV JUNG

L'intelligence émotionnelle est la capacité d'un individu à comprendre ses émotions.

J'entends par là : les accueillir, les nommer si besoin, les observer et les exprimer pour passer à l'action, en étant dans l'action et non dans la réaction. Parce que le but n'est pas de ne plus ressentir, de se couper ou autre technique d'évitement mais de comprendre votre propre fonctionnement pour pouvoir accueillir le plus en paix possible les émotions qui vous traversent.

1 : J'accueille. Lorsque vous vous identifiez à vos émotions, vous êtes emporté dans un tourbillon qui vous coupe de la réalité. Lorsqu'une émotion vous submerge, il est important de prendre quelques secondes pour voir ce qui se passe à l'intérieur de vous. Posez-vous ces quelques questions : Que se passe-t-il ? Dans quelle partie du corps est-ce que je ressens une gêne ? gorge ? plexus ? bas du ventre ? Est-ce que c'est chaud ? froid ?

2. Je nomme l'émotion. Après avoir identifié l'endroit qui est stimulé, nommez l'émotion. Je ressens de la colère, de la tristesse, de la crainte, du dégoût.

3. J'observe l'émotion. Regardez-la comme une forme à côté de vous. Cette action permet de faire un pas de côté et de se désidentifier. De retrouver son centre en sachant que cette émotion est passagère.

Une fois ces trois étapes effectuées, voyez ce qui vous semble pertinent de verbaliser aux personnes concernées.

Revenons sur la dernière fois où vous vous êtes senti englouti par une émotion. Notre principal problème est que nous avons créé deux catégories : « les émotions positives » et « les émotions négatives ». Nous nous efforçons de repousser au maximum dans notre vie de tous les jours et de ne surtout pas ressentir les fameuses émotions dites « négatives ». Or elles sont vos alliées ! Elles vous communiquent simplement une information sur ce que vous vivez. Donc, plus vous les refoulez, plus vous reculez le moment où l'émotion va exploser ! Plus vous apprenez à vous exprimer, plus vous retrouvez un équilibre émotionnel. Utilisez si besoin les outils du chapitre 1 et prenez soin de vos voyants internes. Ils sont là pour votre bien !

LES TIPS DE CONSTANCE

La pierre Quantum Quattro peut être ajoutée à votre pendentif. Elle vous accompagnera sur votre chemin de développement de votre intelligence émotionnelle. Elle est composée de turquoise connue pour ses propriétés de clarté mentale, de chrysocolle qui apporte la paix intérieure et l'expression de soi, de dioptase qui favorise la guérison émotionnelle, la croissance personnelle et la transformation, de malachite associée à la protection et à la croissance spirituelle puis de la cuprite qui stimule l'énergie vitale et la détermination. Une pierre aux multiples facettes à avoir dans sa poche pour booster sa confiance en soi !

Plus vous serez en mesure de vous soutenir et de garder votre ancrage en faisant cette petite gymnastique, plus vos actions seront justes et inspirantes pour vous et votre entourage.

J'aime accompagner ce travail de tous les jours avec l'amour de soi, car cet amour permet d'accueillir et de naviguer à travers nos diverses émotions sans jugement ni peur. Il permet de répondre aux questions suivantes :

À quoi cette émotion est-elle liée ? Quel a été le déclencheur ?

Quel est mon besoin derrière cette émotion ? Quelle est la demande cachée ? De quoi ai-je besoin ici et maintenant ?

Il est intéressant d'associer à ce travail de recherche une approche énergétique. Lorsqu'une émotion vous malmène, vous sentez dans votre corps une réaction comme des palpitations, une transpiration abondante, des crispations abdominales. Ces stimuli peuvent être apaisés en quelques minutes grâce à **la respiration de l'infinité**. Certaines émotions créent en vous une explosion interne, à l'image des plombs qui sautent dans votre maison. La respiration de l'infinité ramene au calme.

La respiration de l'infinité

Cette respiration rééquilibre le cerveau gauche et le cerveau droit. Elle vous permet de retrouver votre centre et de vous reconnecter à votre vérité en calmant votre agitation intérieure.

Prenez quelques secondes dans un endroit calme. Vous pouvez vous allonger si vous sentez que c'est plus confortable pour vous. Personnellement, je la fais debout, ce qui me permet de m'en servir dès que je le désire.

Vous allez fermer vos yeux et imaginer le signe de l'infini autour de votre corps. Il part de votre cœur, monte au-dessus de votre tête à environ vingt centimètres pendant l'inspiration, repasse par votre cœur et descend sous vos pieds pour revenir dans votre cœur pendant l'expiration. Entamez un premier cycle respiratoire et observez le mouvement de l'énergie formant un 8. Poursuivez sans faire de pauses et observez que votre 8 s'allonge. La boucle du bas touche le centre de la Terre tandis que celle du haut s'élève loin dans le système solaire.

Faites au moins dix cycles complets et observez comme vous retrouvez votre centre. Terminez cet exercice en imaginant des racines d'arbres qui partent de vos pieds et qui s'enfoncent dans la terre. Vous pouvez sentir une douce chaleur dans votre corps et une force dans le bas de votre corps. Cette visualisation d'ancrage permet de revenir ici et maintenant. Quand vous le sentez, vous pouvez ouvrir vos yeux !

Cette respiration a de nombreuses vertus. En plus de rétablir un équilibre émotionnel, elle augmente notre taux vibratoire, elle contribue à une bonne santé et à un meilleur sommeil et permet d'évacuer les énergies cristallisées dans les différents corps subtils.

Nos émotions ne sont pas nos ennemies, elles sont souvent l'expression d'une incompréhension face à un événement ou à une personne extérieure. Nous avons parfois l'impression de ne pas nous comprendre, d'être agressés par une façon de parler, par des actions. Pourquoi cela génère-t-il autant d'émotions ? Quelle différence y a-t-il entre les individus ? Comment expliquer les conflits avec les personnes que nous aimons le plus ? Car nous parlons d'amour…

Les langages de l'amour

Savez-vous que l'amour a différents langages ? Que chaque personne a son propre langage d'amour ? Qu'un couple, sans le savoir, peut parler deux langages d'amour différents, ce qui revient à dire que l'un parle portugais et l'autre chinois ! Pas facile de se comprendre au quotidien, vous ne croyez pas ? Et dans une famille ? Si les parents et les enfants ont tous un langage différent… quelle cacophonie ! Connaître le langage de vos proches permet de mieux donner et surtout de mieux recevoir ce qu'ils vous donnent.

> « Les choses les plus importantes de notre vie ne sont pas extraordinaires et grandioses. Ce sont les moments où nous sommes touchés l'un par l'autre. »
>
> **JACK KORNFIELD**

Il existe cinq langages d'après Gary Chapman ! Les connaître va vous permettre d'éviter un certain nombre de moments d'incompréhension avec votre entourage et va vous aider à y voir plus clair au royaume de vos émotions ! Car comment se faire entendre ou recevoir ce dont vous avez besoin si vous ne parlez pas le même langage ?

Les paroles valorisantes

Pour la personne qui parle ce langage, les mots sont très importants. Donc, n'hésitez pas à complimenter ses actions, à la remercier lorsque vous appréciez ce qu'elle fait. Encourager, faire des compliments, reconnaître les forces de l'autre, lui dire des mots doux sont les pleines expressions verbales de ce langage.

A contrario, les critiques, les insultes sont perçues comme des attaques d'une grande violence. Attention à ce qui sort de votre bouche !

Pour votre partenaire ou votre enfant, prenez le temps chaque jour de lui dire quelque chose de gentil. Vous allez voir à quel point vos relations vont se transformer !

Lorsque j'étais professeure des écoles en CM2, j'observais mes élèves et je prenais le temps de découvrir qui était sensible à ce langage. Je glissais à l'oreille des enfants concernés un mot gentil sur leur attitude, leurs travaux du jour ou autre. Vous n'imaginez pas l'impact de ces mots sur leur estime d'eux-mêmes.

Voici un petit cadeau magnifique à faire pour une personne qui parle ce langage : prenez une fiche cartonnée et notez le prénom de la personne en haut de la fiche. Demandez à toutes les personnes qui comptent pour elle d'écrire deux qualités qui le définissent. Vous pouvez décorer la carte selon vos envies et mettre en valeur chacun des mots. Je peux vous dire qu'elle gardera cette surprise très longtemps dans son cœur !

Vous pouvez préparer des cartes avant un dîner, un anniversaire, une sortie en groupe et proposer à chaque personne d'écrire quelques mots positifs sur les différents membres du groupe. Chacun repartira avec sa petite carte. Même ceux qui ne parlent pas ce langage seront touchés par cette jolie attention.

Quels sont vos proches qui parlent ce langage ?

. . . .

. . . .

. . . .

. . . .

Les moments de qualité

Être ensemble tout simplement sans forcément faire quelque chose d'incroyable. La personne qui parle ce langage vous donne son temps pour vous dire « je t'aime ». Elle aime partager ses expériences, sentiments et désirs avec vous à travers des dialogues profonds, de qualité, sans écrans et autres distractions extérieures. Un dialogue de qualité demande une écoute active et empathique, ce qui permet de se livrer et de s'ouvrir à l'autre.

Si un membre de votre entourage parle ce langage : proposez-lui un moment rien qu'à deux ! Une expo, une balade dans la forêt, un week-end à la campagne. Créez des bulles de partage où la personne se sentira pleinement aimée. De votre côté, prenez le temps de développer votre écoute active afin d'être pleinement disponible quand cette personne aura besoin de vous confier ce qu'elle a sur le cœur. Les enfants qui parlent ce langage adorent passer un moment seul avec un seul parent. Offrez-leur quelques rendez-vous dans l'année, vous verrez comme votre relation va s'épanouir !

Quel moment de qualité avez-vous envie d'offrir à un proche qui parle ce langage ?

Les cadeaux

Il ne s'agit pas d'argent mais d'attentions portées à la personne. Ces cadeaux physiques sont des « je t'aime » matériels ! Ils peuvent être achetés ou fabriqués à la main, peu importe. Si vous avez un doute, il est facile de reconnaître les personnes qui parlent ce langage, car elles vous couvrent de cadeaux ! Petites attentions comme des fleurs cueillies pendant une balade, cadeaux à l'improviste hors anniversaire et Noël, un livre qui vous passionne. Leurs cadeaux deviennent une représentation symbolique matérielle de l'amour qu'elles vous portent !

Elles sentent, à travers le cadeau, que l'on a pensé à elles et pris le temps de réfléchir à ce qui pourrait leur faire plaisir. Alors, faites une liste de tous les cadeaux qui leur plairaient en fonction de leurs goûts, de votre budget et venez y puiser une idée dès que vous avez envie de leur montrer votre amour.

Liste d'idées de cadeaux :

. . . .

. . . .

. . . .

. . . .

. . . .

En contrepartie, le fait de ne rien recevoir de la part d'un proche lors d'un événement ou d'une date importante comme un anniversaire peut engendrer de fortes émotions comme de la tristesse ou de la contrariété pour la personne qui parle ce langage.

Si vous partez en vacances et que votre moitié reste à la maison, vous pouvez lui cacher des post-its dans ses affaires, une enveloppe surprise dans laquelle vous glissez son journal préféré, un dîner délicieux préparé avec amour pour un soir de la semaine. Toutes ces surprises rempliront son cœur d'amour.

Idem pour un enfant qui part en colo ! Scotchez des enveloppes surprises dans chaque recoin de sa valise, dans une paire de chaussettes. Cachez des bonbons dans la poche avant, un carnet où vous lui avez écrit des mots doux ou des photos de famille dans le sac de linge sale. Votre enfant découvrira vos cadeaux au fur et à mesure et la colo passera en un éclair !

Les services rendus

Ce langage de l'amour consiste simplement à rendre service à l'autre. En vidant le lave-vaisselle, en allant faire le plein de la voiture, en portant, à la main, les chaussures de la personne aimée pendant une balade les pieds dans l'eau. En aidant dans les tâches du quotidien, ces personnes disent « je t'aime ».

Pour elles, les actions ont beaucoup plus de sens que les mots. Elles se sentent aimées lorsque nous faisons des actions simples pour alléger leur quotidien ! Lorsque votre partenaire ou votre enfant vous demandent de l'aide, si les services rendus sont leur langage, ils vous demandent de leur montrer que vous les aimez !

Si l'un de vos proches parle ce langage, rédigez une petite liste de tous les services ou demandes d'aide qu'il vous a exprimés ces derniers mois et honorez-en un de temps en temps pour lui montrer tout votre amour.

Liste :

Le toucher physique

Se tenir par la main, s'embrasser, faire l'amour, poser une main sur l'épaule de l'autre pendant une conversation, regarder la télé en étant collé contre l'autre, se toucher dès que possible est le cinquième langage de l'amour.

Si l'un de vos proches parle ce langage, il suffit de le toucher physiquement dès que vous en avez l'occasion pour lui montrer votre amour.

Dans quel langage vous reconnaissez-vous ? Si vous n'arrivez pas à bien vous cerner, répondez à ces questions :

Qu'est-ce que vos proches ne font pas et qui vous blessent le plus ?

....

....

....

....

Que demandez-vous le plus souvent à vos proches ?

....

....

....

....

Comment montrez-vous votre amour ?

....

....

....

....

Vous pouvez vous retrouver dans les cinq langages mais en général, il y en a un qui prend plus de place dans votre vie. Le connaître vous permet de mieux communiquer vos besoins aux autres et de prendre du recul lorsque vous observez que la personne en face de vous ne parle pas le même langage. Il n'est pas question de « mal amour » ou autres inventions de l'esprit ; partagez-lui vos connaissances sur le sujet et accordez-vous pour un mieux-être immédiat.

Ce qui est fascinant avec ce décryptage des différents langages d'amour des gens que vous aimez, c'est que vous allez être tellement ému de constater tout l'amour que vous receviez sans vous en rendre compte ! Si par exemple le langage d'amour de votre conjoint est « les services rendus » et vous « les moments de qualité », cela crée au quotidien un décalage, car il vous dit « je t'aime » en vous déchargeant de corvée. Donc, vous ne le voyez pas et le traitez d'hyperactif, car vous rêvez d'un moment dans le canapé à deux pour partager les péripéties de votre semaine de cœur à cœur ! Tout le monde s'aime et se le dit mais personne ne se comprend !

Lorsque l'on se comprend et que l'on comprend les autres, nos émotions s'apaisent ! Trouvez le langage d'amour de vos proches et parlez leur langue, vous allez tellement recevoir en retour.

« C'est pendant l'orage
qu'on connaît le pilote. »

SÉNÈQUE

LES TIPS DE CONSTANCE

Chaque semaine, prenez un peu de temps pour parler le langage d'amour de vos êtres préférés. Votre relation « technique » avec votre ado de dix-sept ans va s'apaiser, votre communication avec votre partenaire va se transformer. Impliquez-vous et voyez comme parler le bon langage d'amour est vertueux ! Il est intéressant de s'auto-parler avec le bon langage à soi-même. Si votre langage est « le moment de qualité », pourquoi ne pas vous offrir un bon film au ciné avec vous-même ou une expo que vous rêvez de voir depuis longtemps ! N'oubliez pas de vous honorer aussi en solo !

Il nous arrive de devoir gérer nos émotions également la nuit ! Car les émotions n'ont pas de créneaux horaires, c'est vraiment dommage ! Elles ne commencent pas à 9 h pour se terminer à 20 h, ce serait trop simple. Elles viennent parfois nous challenger pendant notre sommeil ! Certains d'entre vous souffrent d'insomnie ponctuelle. Allons voir ça de plus près !

Trousse de secours pour les insomnies

Vous est-il déjà arrivé de vous réveiller la nuit et de vous repasser votre journée au peigne fin ? Ou d'essayer d'imaginer comment va se passer la présentation hyper stressante de vendredi prochain ? Les images, les émotions tournent, les pensées s'y mettent et vous perdez toute connexion avec la réalité puisque vous êtes absorbé par votre imagination. Je vous propose un éclairage sur l'heure de vos réveils et des phrases à apprendre par cœur pour vous accompagner en douceur vers un endormissement serein.

Se reconnecter à son corps est la première chose à faire pour stopper le mental ! Se lever, aller boire un verre d'eau permet de se remettre dans le présent. Si vos pensées reprennent, prenez des feuilles blanches et allez écrire tout ce qui tourne dans votre tête. L'idée de se lever pour écrire à 5 h 30 du matin n'est pas très heureuse, mais je ne vais pas vous réexpliquer les bienfaits de cette pratique aussi simple qu'efficace. Vous pourrez vous recoucher serein et vous rendormir en ayant fait taire votre cerveau !

Savez-vous que l'heure de vos réveils nocturnes a une signification ?

D'après la médecine chinoise, un réveil en pleine nuit, à la même heure, montre un dérèglement de l'énergie vitale (le QI), en indiquant qu'un organe rencontre une perturbation. Chaque organe possède une fonction physique et émotionnelle. Je vous propose d'apprendre différents mantras afin de débloquer en conscience et avec tout votre amour l'organe qui a besoin de réconfort émotionnel pour un meilleur endormissement.

Si vous vous réveillez entre 23 h et 1 h : votre vésicule biliaire vous indique que vous vivez des débordements émotionnels, que vous avez tendance à perdre de vue l'essentiel et qu'il vous est difficile de prendre du recul.

Vous pouvez mettre une main sur votre cœur et vous répéter à vous-même la phrase suivante :

« Je veux faire les choix qui sont bons pour mon propre bien-être et pour le bien-être de tous, je choisis facilement. »

Entre 1 h et 3 h : votre foie vous montre que vous vivez de la colère refoulée, une impuissance à passer à l'action, du stress et de l'impatience face à votre avenir, une difficulté à accepter votre image.

Vous pouvez mettre une main sur votre cœur et vous répéter à vous-même la phrase suivante :

« Je suis heureux des changements, qui, dans ma vie, favorisent mon évolution et j'agis dans ce sens. »

Entre 3 h et 5 h : ce sont vos poumons qui vous indiquent que vous vivez de la tristesse, de la mélancolie, que vous ressentez un étouffement dans une situation, un désenchantement ainsi qu'une remise en cause de vos valeurs.

Vous pouvez mettre une main sur votre cœur et vous répéter à vous-même la phrase suivante :

« Je regarde ce qui se trouve dans l'univers avec modestie et tolérance. Je m'apprécie et j'apprécie les autres en me laissant porter par le fleuve de la vie. »

Enfin entre 5 h et 7 h : c'est le gros intestin qui vous signale que vous vivez de la tristesse par rapport à votre passé ainsi qu'une difficulté à tourner la page.

Vous pouvez mettre une main sur votre cœur et vous répéter à vous-même la phrase suivante :

« Je me libère du passé, je l'abandonne et ainsi je libère la place aux changements. Pour cela, j'utilise judicieusement mes ressources. »

Accueillir ces moments inconfortables et rassurer la partie de vous qui en a besoin reste la meilleure chose à faire. Respirez, écrivez, bercez-vous avec le mantra correspondant.

Et si l'insomnie persiste, il est toujours temps de prendre vos écouteurs et d'écouter « Une inconnue » : l'histoire d'une femme qui se libère d'un carcan émotionnel qui l'étouffait depuis son enfance :

Sortie de sa cage dorée, libre, folle, impatiente
Elle croque sa vie déficelée, virevolte, insouciante
Chaque minute est un délice, ne pas les vivre est un supplice
Ces chansons sont les esquisses de sa nouvelle vie sans caprices

Ça vous semble saugrenu, une inconnue
Étouffée, pourtant si nue
C'est fière et vêtue qu'elle commence sa mue.

Finis la peine et les tourments
Libre, folle, en confiance
Elle tente l'impossible et maintenant
Toute sa vie est une évidence
Chaque odeur est un parfum, une histoire qui fait du bien
Ces chansons sont le refrain de sa nouvelle vie

Ça vous semble saugrenu, une inconnue
Étouffée, pourtant si nue
C'est fière et vêtue qu'elle commence sa mue.
Et elle veut que sa tête tourne et s'envole vers l'horizon
Et elle veut que sa tête tourne et la berce de ces chansons

MÉMO POP

Vous n'êtes pas vos émotions, ni vos états de survie. Vous désidentifier vous permet de retrouver votre état de paix, de vie.

L'intelligence émotionnelle est la capacité d'une personne à comprendre ses émotions : en les nommant, en les observant et en découvrant son message : quelle est la demande cachée ?

Derrière des émotions comme la colère et la frustration se cachent parfois différents langages d'amour. Il en existe cinq : les paroles valorisantes, les moments partagés, les services rendus, les cadeaux et le toucher physique.

Les émotions n'ont pas d'horaires ! Un réveil nocturne indique qu'un organe rencontre une perturbation. Accueillir son message en l'accompagnant d'un mantra aide à se rendormir.

La respiration de l'infinité permet de calmer votre agitation intérieure. Cette approche énergétique est un soutien dans la gestion des émotions.

4

Comment prendre soin de son énergie ?

La télé nous explique qu'il est important de manger cinq fruits et légumes par jour. Les journaux nous montrent le bénéfice de marcher vingt minutes par jour, en accélérant le pas (vous savez que c'est OK quand votre cœur bat tellement vite que votre souffle devient court et qu'il ne vous permet plus de parler à votre voisin) afin de travailler votre cardio et combattre la sédentarité. Mais qui nous parle de ce que nous consommons à travers nos téléphones ? nos conversations ? nos relations ?

Ce sont ces questions que nous allons explorer tout au long de ce chapitre !

« Nous sommes la moyenne des cinq personnes que nous côtoyons le plus », disait Jim Rohn.

J'ai lu cette phrase pour la première fois lors d'une expo photo à laquelle je suis allée avec mon fils. Elle était là, écrite en immense dans la dernière salle où nous découvrions l'histoire du photographe. Elle m'a fait l'effet d'une gifle. Et surtout, j'ai compris tellement de choses en deux minutes. C'est l'une de mes plus belles prises de conscience. L'entourage est clé dans votre vie, je dirais même dans votre cheminement personnel.

Qui m'entoure ?

On vient souvent me consulter pour de la fatigue persistante. Outre le dérèglement du système nerveux vu précédemment, l'entourage a un énorme impact sur notre bien-être. Souvent, après quelques minutes d'échange et un état des lieux plutôt positif, nous découvrons une collègue de travail négative, un père intrusif, un ami très critique… Ces personnes ont un impact direct sur votre énergie. On appelle cela la contagion émotionnelle. Choisir en conscience les personnes avec qui vous passez vos journées, vos week-ends, vos vacances va vous aligner avec votre « vous » profond et vous permettre d'être dans votre plein potentiel. A contrario, si les personnes qui vous entourent sont constamment dans la plainte et le noir, ne vous étonnez plus de vous sentir mal après chaque moment passé en leur compagnie.

Qui sont ces cinq personnes ? Regardez la situation avec bienveillance. Vous font-elles du bien ?

. . . .

. . . .

. . . .

. . . .

. . . .

Si oui, c'est magnifique ! Vous êtes en place pour avancer sereinement sur votre route.

Si non, pas de panique, nous allons voir comment s'organiser au mieux pour créer une relation saine.

Si votre sœur déverse tous les jours ses malheurs sur vous et que vous sentez le poids sur vos épaules, vous n'allez pas l'appeler en lui disant : « Tu me saoules avec tes problèmes, adieu ! », on est bien d'accord. En revanche, vous connecter à votre enfant intérieur avant l'appel pour voir si vous êtes capable de supporter ce moment et de choisir avant de répondre fait TOUTE la différence. Car choisir, c'est ne plus subir ! Ce n'est pas parce que votre téléphone sonne que vous devez absolument répondre ! Vous êtes libre !

Exemple 1

Je choisis de répondre. La conversation est pénible, je sens que je fatigue, je choisis d'y mettre fin, car j'atteins ma limite. Je suis dans ma puissance personnelle, je suis dans mon leadership intérieur.

Vous êtes libre de choisir ce qui est bon pour vous à l'instant T. Donc, entre lundi et vendredi, vos envies seront certainement différentes, et c'est OK. Vous pouvez y revenir à tout moment pour les raisons qui sont les vôtres et qui ne regardent personne (vous n'avez plus quatre ans et demi).

Exemple 2

Je réponds parce qu'il faut, la pauvre, elle est toute seule, moi j'ai une belle vie et pas elle. C'est ma sœur quand même. Je la laisse déverser sur moi toute sa haine, elle me recouvre de noir, je suis épuisée, je n'arrive plus à me lever pour mes enfants, je me sens anesthésiée dans mon boulot, je ne ressens plus rien, je suis vide. Dans cette situation où la personne subit, ma question est la suivante : pour qui cet appel est-il bénéfique ?

Pensez-vous qu'être la poubelle émotionnelle d'une personne lui rend service ? Est-ce que ça la pousse à se réveiller ? à se prendre en main ? Est-ce qu'elle est dans sa puissance ? Pas du tout ! C'est de l'assistanat qui ne sert à rien ni à personne ! Et quel bien cet appel vous fait-il à vous ?

On ne peut pas changer les autres mais on peut se changer soi ! Plus vous reprenez le lead dans votre vie, plus vous permettez aux personnes qui vous entourent d'en faire autant. Toujours cette histoire de contagion émotionnelle. Plus vous êtes aligné, vibrant et capable de dire oui/non ou merde, plus vous offrez aux autres de faire de même. Magique non ? Alors, prenez un petit moment pour faire le point sur les gens qui vous entourent et n'ayez pas peur d'exprimer votre vérité dans la bienveillance et le respect, vous élevez votre fréquence et celle du monde !

LES TIPS DE CONSTANCE

Je vous partage un petit exercice très simple à faire **pour stopper toute porosité énergétique** ! Lorsque pendant un échange vous sentez que la personne décharge et que vous prenez ses émotions, vous pouvez à l'intérieur de votre cœur dire : « Non, je décide de ne pas prendre en charge ces émotions qui ne me regardent pas, c'est non ! ». Vous pouvez imaginer que vous mettez votre main pour stopper le flux d'énergie. L'intention posée, vous pourrez continuer d'écouter la personne en face de vous en sentant la différence. Car le but n'est pas de repousser toutes les personnes qui ont tendance à s'épancher mais de choisir ce que vous prenez ou pas. Je sais que ça paraît simple mais essayez et vous verrez comme cette petite implication personnelle est incroyable et muscle votre leadership personnel énergétique.

Passons à vos écrans et à vos sujets récurrents de conversation…

N'ayez pas peur de rester aligné à vos normes et à vos valeurs. Il n'est pas toujours facile d'exprimer son ressenti mais connectez-vous à votre cœur et vous construirez des relations de qualité. La confiance est basée sur la vérité. Donc, dire ce que l'on ressent est la base d'une relation saine sinon c'est de la suradaptation, du théâtre. Certains m'expliquent en consultation que pour survivre dans leur job ou relation, ils sont de véritables caméléons. Ils observent et analysent dans un premier temps le comportement des personnes qui les entourent et composent à l'intérieur d'eux la bonne musique à jouer à chacun. Quel boulot ! Mais lorsque vous vous déguisez de la sorte, que se passe-t-il en vous ? Que ressentez-vous vraiment face à ces personnes ou situations ? Le risque est de se perdre dans ces différents jeux de rôle. Ces comédies peuvent créer un sentiment d'abandon de soi, un vide intérieur.

Il est si important de rester loyal envers soi-même, d'oser rester soi-même si ça ne plaît pas à tout le monde, c'est le seul chemin vers la pleine réalisation de votre être, car s'il faut qu'il prenne rendez-vous avec vous entre machin et bidule, c'est quand même compliqué, n'est-ce pas ?

Commencez par vous entourer de personnes bienveillantes, avec qui vous n'avez rien à prouver. Vous savez, ces amis qui se réjouissent pour vous, qui sont auprès de vous à chaque virage de votre vie. Ouvrez-leur votre cœur, soyez généreux et authentique. Exprimez votre vérité lorsque c'est nécessaire et musclez cette confiance en vous. Plus vous serez vrai avec les autres, plus vous attirerez à vous des personnes formidables et alignées à vos valeurs. Oui, c'est parfois vertigineux d'oser dire ce que l'on pense mais cela permet d'être parfaitement aligné avec qui l'on est ! Vivre dans votre vérité en toutes circonstances et avec tout le monde est nécessaire à votre intégrité personnelle. Honorer cette intégrité, c'est refuser systématiquement de vivre dans le mensonge.

Votre énergie est aussi connectée à tout ce que vous consommez chaque jour. Regardons ensemble quels sont vos passe-temps favoris !

De quoi vous nourrissez-vous ?

Savez-vous qu'en décembre quand TF1 passe tous les jours les films de Noël cucul la praline (que j'adore !!!), le moral des gens est bien meilleur ! C'est prouvé ! Ma question est pourquoi, sachant cela, notre société choisit-elle de passer ces films un mois sur 12 et les 11 autres, nous avons des enquêtes de meurtres tous les soirs ? Ah là là, certaines choses m'échappent…

Bref, vous ? Que regardez-vous ? Car tout ce que vous regardez, écoutez, a un impact sur votre énergie, votre fréquence vibratoire !

Retour de consultation

Une femme que je connais bien m'appelle en me disant que ça ne va pas du tout en ce moment, qu'elle ne comprend pas, il ne lui arrive que des problèmes. Elle me dit avoir l'impression de voir la vie en noir. Lorsque j'ouvre mon portail, je vois déjà autour d'elle un nuage gris. Puis quand je me connecte, je vois une télé avec des documentaires sur l'inceste, les viols sur mineurs... Je sens une grande tristesse qui la fige. Après lui avoir demandé si elle avait regardé des émissions sur ce thème, elle me répond que oui, elle avait comme besoin de comprendre comment cela pouvait exister et elle avait regardé tout ce qu'elle avait trouvé sur le sujet. J'ai nettoyé les images qui l'avaient choquée et tout le noir que cela avait généré en elle. En quelques minutes, elle avait les joues roses et le regard brillant. Elle m'a dit avoir senti une aspiration au niveau du cœur et qu'elle avait l'impression de mieux voir les couleurs tout autour d'elle. Elle est repartie en se promettant de ne plus jamais refaire la même erreur !

Et vous ? Que regardez-vous ? Des films d'amour ? d'action ? d'horreur ? des documentaires ? Que cherchez-vous à ressentir quand vous regardez un film ? Quid des réseaux sociaux ? Que regardez-vous sur YouTube ? TikTok ? Instagram ? Suivez-vous vos amis, des idées de recettes, de l'art ? Comment vous sentez-vous après avoir passé du temps sur les réseaux sociaux ? Motivé ? inspiré ? éteint ?

LES TIPS DE CONSTANCE

Souvent, quand on regarde des films à « sensations », cela montre que l'on a besoin d'intensité dans sa vie. Quel est le truc dingue auquel vous pensez et que vous n'osez pas réaliser ? Sauter en parachute ? chanter sur scène ? Osez !

De quoi parlez-vous ?

Il n'y a que deux énergies qui nous mettent en mouvement : l'amour et la peur. L'énergie de l'amour part du cœur, tandis que la peur (ou le manque) vient de notre mental. Plus vous vous connectez à vous, à votre mini, à vos besoins, plus vous posez vos limites, plus vous revenez dans l'espace du cœur. L'énergie du cœur est haute, tandis que celle de la peur vibre bas. Savez-vous que les gens qui ont comme sujet de conversation des projets, des questions existentielles ou de grandes thématiques sociétales vibrent plus haut que ceux qui parlent de ce qui est arrivé à leur voisin ou autres faits divers, cancans ou ragots du coin ? Vos mots disent beaucoup de vous. J'aime l'idée que mes pensées, actions et paroles soient accordées. C'est à ce moment-là que je sais que je suis alignée.

Imaginez une petite épuisette à crevettes à l'entrée de votre bouche et, avant de prendre la parole, demandez-vous si cette info est vraiment nécessaire ou bonne pour votre interlocuteur. Est-ce qu'elle va renforcer votre relation ? Est-ce qu'elle va la rendre plus belle ? plus juste ? Est-ce que ce que vous vous apprêtez à dire est bon pour vous ? pour l'autre ? pour le monde ?

Quels sont vos sujets de discussion préférés avec vos amis ?

. . . .

. . . .

. . . .

. . . .

. . . .

Quelles passions, connaissances, quels projets pourriez-vous leur partager maintenant que vous choisissez les mots qui sortent de votre bouche ?

. . . .

. . . .

. . . .

. . . .

. . . .

Et quels sujets pensez-vous qu'il faudrait essayer de mettre de côté ?

. . . .

. . . .

. . . .

. . . .

. . . .

Notez tous les sujets qui comptent pour vous, ce que votre nouvelle version de vous a envie d'explorer et d'expérimenter avec les autres sur la page ci-contre.

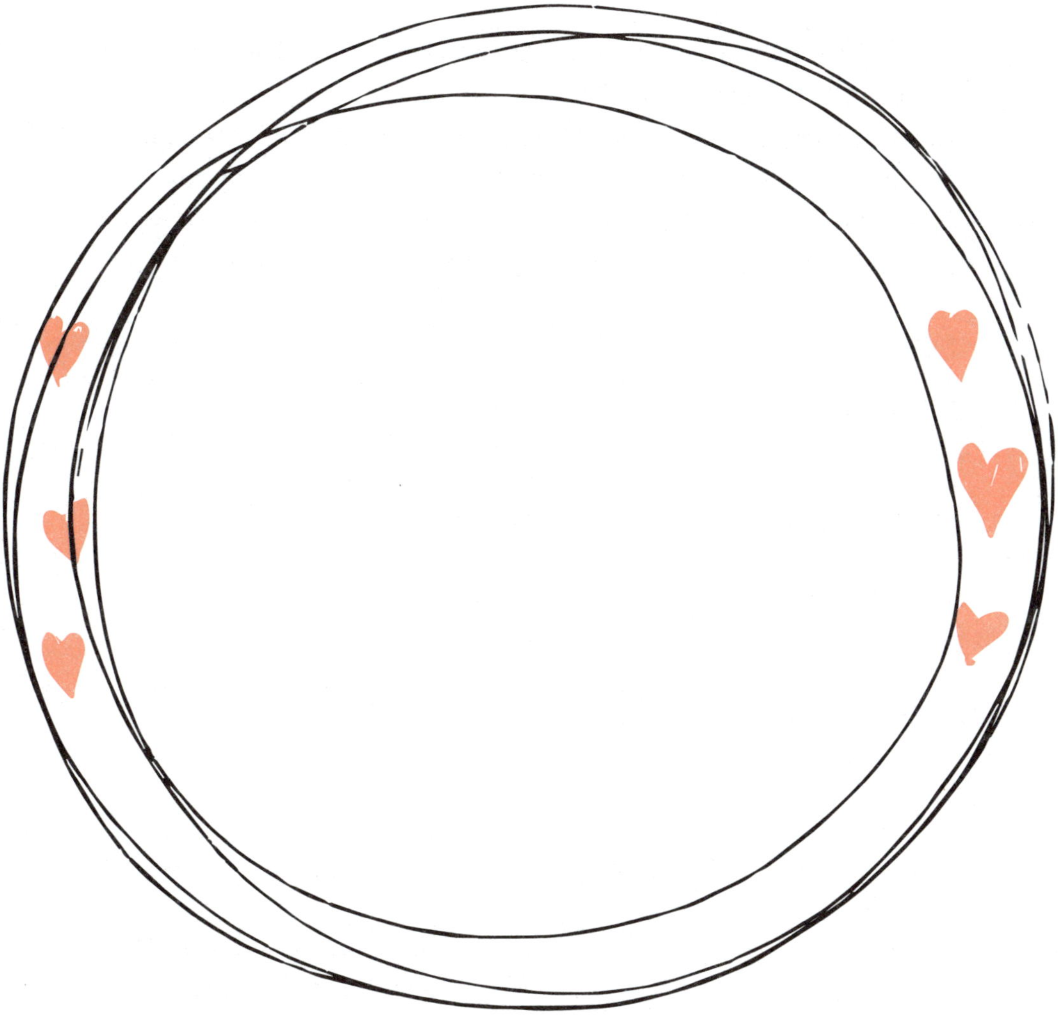

Il m'arrive d'exprimer poliment lors d'une conversation que ce qui est partagé ne me fait pas de bien : « Excuse-moi mais ce que tu dis ne me fait pas de bien. Peut-on changer de sujet de conversation, s'il te plaît ? »

Si cela n'est pas possible parce que vous êtes à un dîner et que le groupe est intéressé, choisissez de prendre soin de votre énergie, exprimez votre ressenti et sortez de table. Terminez votre soirée avec les enfants devant un film doux ou drôle, car le sujet de conversation des adultes descend votre énergie. Vous éloigner du groupe est votre choix, votre responsabilité !

En faisant cela, vous ne cherchez pas à changer l'autre. Il a le droit de parler de ce qu'il veut mais vous êtes responsable de votre bien-être et personne à part vous ne sait ce qui vous fait du bien ou du mal. Donc, vous choisir « vous » et agir en expliquant toujours votre démarche aux autres est OK.

Quelle est la dernière situation où vous auriez aimé vous choisir ?

. . . .

. . . .

. . . .

. . . .

. . . .

Quelle est la pensée limitante qui vous en a empêché ? (On va dire que je suis mal élevé si je rentre chez moi, les autres vont se vexer, je n'ai pas le choix…)

. . . .

. . . .

. . . .

Retrouvez la personne qui vous a dit ça enfant/l'événement ?

. . . .

. . . .

Pouvez-vous vous pardonner d'avoir pris cela comme une vérité ?

. . . .

. . . .

Qu'avez-vous envie de croire aujourd'hui ? Comment voulez-vous vivre ?

. . . .

. . . .

Que ferez-vous la prochaine fois que cela se présente ?

. . . .

. . . .

. . . .

. . . .

Vous reconnaissez la mécanique des pensées limitantes vue précédemment. Les accueillir dans différentes situations où vous vous sentez bloqué va vous permettre de retrouver votre pleine liberté et d'être connecté à votre vérité !

Il y a quelques années au cabinet, j'ai dit à une dame, qui subissait depuis très longtemps un certain nombre d'abus dans sa vie, qu'elle pouvait sortir là tout de suite du cabinet si elle le désirait. Si elle ne se sentait pas bien, si ce que je disais n'était pas en accord avec ce qu'elle ressentait, elle pouvait sortir et rentrer chez elle. Cela faisait dix minutes qu'elle était là et j'avais envie de lui montrer qu'elle était libre à chaque instant ! Ça a fait tilt !

On l'a senti ensemble et on a ri ! Elle a ouvert la porte de sa cage mentale avec cette prise de conscience. Et que de changements dans sa vie depuis cette séance ! Parfois, il suffit d'un mot, d'une image, d'une phrase et tout bascule !

Savez-vous que vous avez un certain nombre de ressources en vous activables pour remonter votre énergie à tout instant ? Les identifier et les activer lorsque vous en avez besoin est une aide précieuse dans vos journées bien remplies.

Énergie et ressources

On commence tous notre journée avec une jauge pleine d'énergie. Partons sur un 100 % au réveil. Nous n'avons aucun contrôle sur les éléments extérieurs. Nous avons uniquement le pouvoir du comment nous vivons les événements qui traversent notre journée. Comment nous réagissons, est-ce que nous répondons à l'agressivité de notre collègue à 9 h en arrivant au boulot ? Est-ce que nous perdons patience à 7 h 10 quand notre enfant nous pique notre dernière paire de chaussettes, car la flemme l'empêche de regarder dans le bac dédié aux chaussettes familiales ? Quel rapport et quelle conscience nous portons à notre énergie en sachant que nous ne sommes pas de super-héros et que nous avons des limites ?

Pendant six ans, j'ai habité à côté d'une boulangerie. Tous les matins, j'allais acheter ma baguette un euro dix, je m'en souviens parfaitement ! Tous les matins, la boulangère était désagréable. Je ne me rendais pas encore compte de l'impact que cette femme avait sur de nombreuses personnes. Tous les matins, je retrouvais le même voisin dans la queue. Un jour, il commande sa baguette et se rend compte qu'il lui manque dix centimes. J'avais le compte pour la mienne donc pas possible de le dépanner (en copain de réveil, on s'entraidait !). La boulangère lui demande de lui rendre « la tradition » avec un regard menaçant. Et là, il coupe le croûton et lui lance sur le comptoir en lui disant que ça fera dix centimes. C'est le plus gros fou rire de ma vie (si tôt le matin !!) et cet homme m'a donné une leçon ce jour-là que je n'oublierai jamais. Il est sorti la tête haute, en choisissant de ne perdre aucune énergie avec cette femme (qui raffolait des conflits) et, en bonus, il a rempli ma jauge de rire tout en se faisant respecter par la vilaine boulangère qui n'a plus jamais osé lui dire quoi que ce soit les matins suivants.

À vous maintenant !

Quel impact ont les événements extérieurs sur votre vie ? Ex. : je suis une éponge, j'ai l'impression d'absorber les émotions de tout le monde… Je me mets en retrait, comme ça je ne sens et ne ressens rien…

. . . .

. . . .

. . . .

. . . .

. . . .

Arrivez-vous à laisser ces événements vous traverser ? Ou est-ce que certains vous allument à tel point que votre jauge

peut être vide à 8 h 30 à cause d'une altercation dans votre voiture avant d'arriver au bureau ?

. . . .

. . . .

. . . .

. . . .

. . . .

Que devez-vous muscler pour pouvoir adopter la meilleure posture lorsqu'un élément extérieur vous challenge ? Ex. : votre connexion avec ce qui est juste pour moi, poser des limites plus fermes, consommer sur votre téléphone des infos qui vous font du bien…

. . . .

. . . .

. . . .

. . . .

. . . .

Plus votre travail intérieur sera minutieux, moins l'extérieur continuera de vous titiller. Vous restez dans vos bottes quoi qu'il arrive. Si, malgré tout, l'extérieur est encore source d'épuisement, il est important de savoir que vous avez tous la capacité de remplir votre jauge en activant vos ressources.

Une ressource vous remplit de joie, vous rend léger, fort, vous ancre, vous fait revenir en mode vie de votre système nerveux. Une ressource apaise, *rebooste* en quelques minutes ! Cela peut être une musique, un souvenir heureux, sortir faire un tour en forêt, danser, chanter, jouer du piano…

Qu'est-ce qui pourrait vous booster rapidement ? Qu'est-ce qui vous fait du bien ? Qu'est-ce qui fait sourire votre cœur ? votre âme ?

Listez 5 actions que nous appellerons « nos SOS boosters extérieurs ». Ce sont des actions qui ne coûtent pas d'argent et qui sont faciles à faire n'importe où et n'importe quand ! Ex. : partir se promener vingt minutes dans un parc entre deux réunions, écouter sa chanson préférée. Ce sont des ressources extérieures.

. . . .

. . . .

. . . .

. . . .

. . . .

Vous avez également la possibilité de vous connecter à des ressources intérieures en pensant à une amie que vous aimez beaucoup, en ressentant l'amour de votre chéri ou de vos enfants, en vous remémorant un super week-end de copains…

. . . .

. . . .

. . . .

. . . .

. . . .

Toutes ces ressources sont magiques, car elles vous permettent en quelques minutes de retrouver de l'énergie. Plus vous allez utiliser ces exercices, plus les pics de fatigue qui peuvent survenir dans la journée disparaîtront !

Nous allons créer un ancrage « ressource de secours », une respiration positive à activer en cas de fatigue intérieure foudroyante, vous savez quand vous avez l'impression qu'il est 23 h alors qu'il n'est que 11 h du matin !

Ancrage d'HAPPYPOP : un mot, un geste qui fait du bien

À quoi sert l'ancrage ? À revenir dans le présent ! Je ne peux que vous recommander *Le Pouvoir du moment présent* d'Eckhart Tolle. Ce livre a changé ma vie il y a une dizaine d'années et m'a aidée à me rencontrer en me ramenant dans le présent ! Comme le dit le grand maître Oogway dans *Kung Fu Panda* : « Hier est derrière, demain est un mystère et aujourd'hui est un cadeau. C'est pour cela qu'on l'appelle le présent. »

Nous allons donc programmer votre corps, à l'aide d'un mot et d'un geste, à revenir dans le présent pour retrouver votre centre en toutes circonstances.

Vous pouvez lire le texte ci-dessous en entier, ou vous enregistrer sur votre téléphone avant de vous allonger et de faire la programmation sensorielle.

Allongez-vous dans un endroit calme où vous ne serez pas dérangé pendant 20 minutes. Si vous pouvez être dans la nature, c'est top, sinon votre lit ou votre canapé sont acceptés ! Fermez les yeux et prenez le temps de respirer en conscience.

Attardez-vous sur votre ventre qui se gonfle à l'inspiration et qui se vide à l'expiration. Recommencez une dizaine de fois sans forcer le mouvement, juste comme ça, c'est parfait. Maintenant, ressentez le sol qui vous accueille, le matelas, la matière qui vous entoure. Sentez-la avec votre dos, vos doigts, vos bras. Laissez-vous couler dans cet espace. Ressentez qu'à chaque respiration vous vous enfoncez un peu plus. Une détente totale se propage dans votre corps. Vous vous transformez en un spaghetti géant qui cuit dans la casserole d'eau. Plus il reste, plus il ramollit, comme vous. Maintenant, pensez à un événement qui vous a rempli de joie, d'amour, de fierté. Un événement marquant qui vous fait sourire à chaque fois que vous y repensez. Laissez l'émotion s'installer dans chaque partie de votre corps. Laissez-la devenir votre corps. Puis quand vous le sentirez, choisissez un signe, facile à faire, discret donc, à associer à cette joie qui pulse en vous. Vous pouvez choisir de toucher deux doigts de chaque main simultanément : le pouce et le majeur comme une petite bulle d'amour pour vous. Synchronisez votre signe trois, quatre fois avec votre émotion. Dans votre tête, vous pouvez y associer un mot, pourquoi pas *happypop* ? Souvenez-vous : un mot, un geste qui fait du bien !

Vous êtes en train de créer un signe ressource ; c'est magnifique ! Respirez, ressentez, visualisez le mot et synchronisez. Une fois terminé, votre nouvel outil est en place. La prochaine fois que vous sentez de l'inconfort dans une situation, faites votre signal (sous la table pendant un repas, une réunion, dans le bus…) et répétez *happypop,* et vous sentirez une chaleur joyeuse vous envahir ! Hâte d'avoir vos retours sur cette nouvelle activation que j'adore !

À chaque fois que vous vivez un moment génial, vous pouvez renforcer l'ancrage de base en associant l'émotion positive au geste et mot *happypop* ! Alors *go, go, go,* mettez des « *happypops* » dans votre vie !

Votre ancrage est également lié à votre lieu de vie. Être bien chez soi aide à prendre soin de son énergie. Notre maison/appartement est notre principal lieu de ressource, alors partons à la découverte de ce qui vous fait du bien !

L'aménagement de votre maison : une clé de votre énergie

Quelle histoire souhaitez-vous que votre appartement, votre maison vous murmure à l'oreille quand vous passez le pas de la porte ? Est-ce que vous voulez entendre résonner la dernière fête organisée dans votre salon avec tous vos amis ? Est-ce que vous voulez arriver et poser vos pieds nus sur votre moquette moelleuse beige où est lové votre chat et où la dernière chanson de Jérémy Frérot s'invite dans votre tête ? Dans quel environnement vous sentez-vous apaisé, joyeux ? La décoration, l'aménagement intérieur est lié à l'énergie du cœur.

C'est ce que nous allons découvrir à travers différents exercices. Le but est de trouver votre style en fonction de vos goûts et de vos centres d'intérêt.

En 2013, au moment de ma révolution intérieure, la déco de ma maison a totalement changé. J'avais l'impression de voir les objets, les photos qui m'entouraient pour la première fois ! Ah les photos ! Sujets passionnants, me direz-vous ! Est-ce que j'ai envie de petit-déjeuner tous les matins en face de cette personne ? Est-ce que cette photo de vacances me rappelle un moment heureux, vraiment heureux ? Si oui, encadrez-la. Si non, faites-vous une boîte à souvenirs pour vos vieux jours et rangez-la à la cave ! Triez, vendez sur un site deuxième main et faites évoluer votre intérieur en même temps que vous !

Ma fille en est l'exemple parfait ! Son agencement, lit/bureau/table de nuit, évolue en permanence. Elle change de place, customise, transforme au gré de ses envies et de son humeur, c'est magnifique !

Chaque objet provoque quelque chose à l'intérieur de vous, d'où l'importance de bien les choisir. Le fauteuil de votre grand-mère, le vieux canapé récupéré de vos cousins ou la lampe offerte par belle-maman à Noël dernier. Les voir au quotidien vous rend-il heureux ?

Allons voir ça tout de suite !

« L'avis des autres,
c'est la vie des autres. »

PAULO AMARO

Analyse de votre intérieur

Mettez-vous au centre d'une pièce (salon, chambre) et listez tous les « grands » objets qui vous entourent :

. . . .

. . . .

. . . .

. . . .

. . . .

Reprenez la liste du début, lisez le nom de l'objet, fermez les yeux et pensez à l'objet. Que ressentez-vous ? Est-ce que vous souriez ? Est-ce que vous ressentez une lourdeur ? Notez à côté de chaque objet : OK ou pas OK.

Vous ferez le choix de les garder ou pas à la fin de cet exercice. Si vous séparer du fauteuil de votre grand-mère vous semble un outrage à sa mémoire, changez-le de pièce ou d'endroit ou proposez-le à votre fratrie. On ne sait jamais, il pourrait faire plaisir à quelqu'un tout en restant dans votre famille. Cette simple action peut déjà améliorer votre bien-être. N'hésitez pas à faire chaque pièce et à tout recommencer dans deux ans !

Je ne suis pas du tout attachée au matériel. Les objets, je les chine en brocante ou en recyclerie. Je suis en revanche focus sur les détails. Pour moi, cela contribue à la beauté. J'aime la poésie et je la raconte au travers d'une étoile au fond de mes verres, de sourires sur mes cuillères en bois, d'un rouge-gorge au fond de ma tasse de thé, d'une très jolie bouilloire, d'un paillasson arc-en-ciel. La déco, pour mes sens, c'est une mélodie. Quand ça ne va pas, ça me fait mal aux oreilles, c'est dissonant !

Je me souviens avoir été invitée chez une amie qui venait de refaire sa maison. Les carrelages étaient très marqués et différents dans chaque pièce, ça me faisait tourner la tête et me donnait la nausée. C'était très joli mais trop de motifs pour ma sensibilité et mes goûts.

Et vous, quelle est votre sensibilité ? Qu'aimez-vous comme atmosphère ? Coloré ? épuré ? moelleux ? carré ? Pourquoi ?

. . . .

. . . .

. . . .

. . . .

. . . .

Quelle est l'utilisation principale de votre maison ? Recevez-vous des amis, cousins, voisins les soirs de semaine, le week-end ? Est-ce un endroit ressourçant, silencieux ? votre repère familial ? votre refuge solo, car vous préférez voir vos amis à l'extérieur de chez vous ?

. . . .

. . . .

. . . .

. . . .

. . . .

Si vous deviez décrire votre appartement/maison en un mot, quel serait-il ? (partage, monde, paix, bulle...)

. . . .

Retour de consultation

Une femme de soixante ans vient me consulter pour un manque d'entrain, d'envie qui dure depuis quelques mois. La fin de son travail qu'elle aime beaucoup, le mariage de ses enfants, la naissance de son troisième petit-enfant, tout cela est comme un grand tourbillon qui lui fait perdre ses repères. Joyeux tourbillon de la vie, mais tourbillon quand même ! C'est pleine de culpabilité qu'elle me décrit sa vie heureuse mais elle ressent au fond d'elle un grand vide. Après avoir nettoyé ce qui bloquait, elle me raconte que pendant la séance, elle a compris qu'elle ne se sent plus en phase avec son appartement. Elle habite depuis vingt ans un lieu familial dans lequel elle a adoré recevoir ses amis, les copains de ses enfants, organiser des anniversaires, Noël et autres moments forts. Or maintenant qu'ils sont deux, elle ne sent plus bien dedans, elle a tout le temps froid et les pièces vides l'angoissent. L'idée de vivre dans un petit cocon rien que pour son mari et elle dans un autre quartier la met en joie ! Elle souhaite, dans les années qui arrivent, s'occuper plus d'elle et n'a plus envie d'occuper ce grand espace choisi quand elle avait quarante ans.

Qu'aimez-vous faire dans votre salon ? Lire dans un canapé hyper confort ? peindre et bricoler, mais il n'y a pas de place ? Créez-vous l'environnement parfait rien que pour vous ! Achetez-vous en priorité un canapé de compet' pour vos soirées lecture dont vous rêvez, créez-vous un coin rien que pour vous, pour y laisser votre bazar créatif !

Visualisation pour créer un espace parfaitement adapté à qui vous êtes

Prenez un peu de temps pour vous. Une quinzaine de minutes suffiront. Mettez-vous dans un endroit calme et fermez les yeux.

Imaginez que devant vous se dresse la maison de vos rêves, à quoi ressemble-t-elle ? Est-ce une maison de plain-pied ? sur deux étages ? un appartement avec vue sur les toits ?

Où se situe-t-elle ? Campagne, ville, bord de mer ? Entrez tout doucement et regardez autour de vous. Que voyez-vous ? Prenez votre temps et observez. Reconnaissez-vous des objets de votre maison actuelle, une déco que vous aimez ? Y a-t-il des points communs avec votre intérieur ? Quelles sont les différences ? Qu'est-ce qui se dégage de cet endroit ? Comment vous sentez-vous et pourquoi ? Est-ce lié aux couleurs ? à la vue ? aux matières ? Essayez de capter un maximum d'informations à travers vos sens. Quand vous sentez que vous avez toutes les infos, revenez ici et maintenant et écrivez tout ce que vous avez vu et ressenti :

....

....

....

....

....

. . . .

. . . .

. . . .

. . . .

. . . .

Quelle est la première action que vous pouvez faire pour vous sentir plus en harmonie ? (repeindre mon entrée et accrocher une guirlande lumineuse…)

. . . .

. . . .

. . . .

Vous allez me dire, c'est bien gentil de visualiser la maison de mes rêves, mais nous sommes cinq sous le même toit avec cinq goûts et mode de fonctionnement différents. Alors on fait comment !!?? Chacun son espace !! Si votre enfant a envie d'accrocher des posters que vous trouvez immondes, laissez-le faire ! Vous n'allez pas dormir en dessous ni vous brosser les dents devant, alors basta ! Offrez-vous un endroit rien qu'à vous ! Un simple bout de mur où vous pouvez afficher vos inspirations du moment peut très bien suffire ! Je me crée parfois des « *mood board* » portatifs dans des morceaux de carton. Ils sont énormes, je les scotche en deux parties pour qu'ils tiennent comme un paravent. Je les sors quand j'en ai envie et les range sous mon lit quand j'ai besoin de récupérer l'espace de la pièce. Je n'envahis personne et j'honore mon besoin de créer sur de grandes surfaces ! À vous de trouver votre bonne organisation !

LES TIPS DE CONSTANCE

Aérer votre espace est nécessaire pour faire circuler l'énergie. Après une dispute ou pendant une période difficile, n'hésitez pas à nettoyer la pièce en visualisant une chute de lumière blanche ou d'eau pure comme l'eau de Lourdes. Brûlez un peu de sauge blanche si vous le souhaitez. Vous sentirez directement la différence de vibration !

Fort de tous vos ancrages, ressources et réagencement de votre maison pour prendre soin de votre énergie, finissons ce chapitre avec un joli dessin à accrocher dans votre chambre ! Il s'appelle « *My power* ».

Dessinez votre puissance intérieure : My power !

Prenons l'exemple des héros de mangas comme Dragon Ball Z, Sailor Moon ou Naruto. Lorsqu'ils sont dans leur plein potentiel, ils sont entourés d'une bulle de lumière, d'une masse d'énergie qui repousse le négatif ! Vous allez représenter votre puissance intérieure face à l'adversité !

Vous allez dessiner votre « vous »/personnage au centre de la feuille avec les deux bras écartés. En bonhomme bâton si vous n'avez pas de talent de dessinateur, c'est carrément OK ! Tout autour de votre personnage, vous allez écrire vos qualités, talents, réussites, mots doux qu'on vous a dits, que vous vous êtes chuchotés, gestes et mots ressources comme *happypop*... Entourez tout ceci d'une bulle de lumière.

À l'extérieur, notez toutes les croyances négatives, mots durs qu'on a déversés sur vous et que vous avez intégrés ; par exemple : tu n'arriveras à rien, tu es stupide, on ne peut pas compter sur toi...

Visuellement, ce dessin est magnifique, car il vous montre la force, la puissance de l'amour sur le négatif ! Vos bras et la lumière de tout le positif qui vous entoure dans la bulle chassent le noir de l'extérieur !

Mettez-y de la couleur, de la peinture si vous le désirez, offrez-vous une belle illustration de votre ancrage !

Comment vous sentez-vous ? Avez-vous l'impression que le fait de répondre à toutes ces questions vous rend plus fort, affine votre capacité de discernement ? Bravo ! *Next step*, comment prendre votre place !

MÉMO POP

Les personnes qui vous entourent ont un impact sur votre énergie. Choisissez votre garde rapprochée avec soin.

Musclez votre porosité énergétique en stoppant les flux d'énergie que vous ne souhaitez pas recevoir dans votre cœur.

Restez aligné à vos normes et à vos valeurs en refusant de vous camoufler pour plaire aux autres.

Activez votre ancrage *happypop* pour revenir dans le présent et vous connecter à votre joie.

Soignez votre lieu de vie, il est votre refuge. Triez, jetez et créez-vous un (petit) espace rien que pour vous.

5

Comment se libérer des liens toxiques ?

Il est temps de faire un brin de ménage dans vos vies en vous plongeant dans votre poussière. Ces déchets qui traînent par-ci par-là dans votre inconscient sont souvent liés à des émotions comme la culpabilité, la honte, la frustration, le ressentiment. Elles sont souvent le résultat de personnes, d'événements ou de situations toxiques !

Petit focus sur les liens toxiques et surtout comment s'y prendre pour s'en défaire

Connaissez-vous la différence entre l'amour et l'attachement ?

Aimer c'est accueillir l'autre tel qu'il est, ne pas vouloir le changer. C'est aimer ses qualités et ses défauts en sachant que personne n'est parfait et que chacun fait de son mieux à chaque instant.

L'attachement est une projection inconsciente de ses propres manques sur l'autre, un fantasme inatteignable de combler ses manques à travers l'autre. Ce non-accueil de l'autre tel qu'il est crée des conflits puisque l'autre étouffe sous des attentes qui ne lui appartiennent pas et qu'il ne comprend pas. L'attachement est toxique, car il est fondé sur la dépendance, la manipulation et la prise de contrôle sur l'autre.

Souvenez-vous de l'image du gros gâteau à la crème du chapitre 1. Lorsque l'on est à l'écoute de son enfant intérieur, aligné, nos besoins nourris, notre cœur rempli d'amour, nous sommes indépendants émotionnellement, psychologiquement et psychiquement. Nous connaissons notre valeur personnelle. Peu importe ce que disent les autres de nous, nous nous connaissons et nous sommes capables de tenir la barre de notre bateau. Si nous remettons notre valeur dans les mains des autres, à l'extérieur de nous, c'est qu'il nous manque une part de gâteau. Malheureusement, nous aurons tendance à offrir sur un plateau le rôle du « sauveur de notre vie » à quelqu'un ! Vous savez, celui qui va régler d'un coup de baguette magique toutes nos blessures et nos problèmes…

J'ai une grande nouvelle pour vous : cette personne n'existe pas !

Si vous rencontrez quelqu'un de bien attentionné et d'équilibré, il est probable qu'il vous explique qu'il ne peut pas prendre en charge vos émotions et qu'il vous invite à faire un travail sur vous-même si vous déversez à longueur de journée vos déboires sans filtres et retenues. Ce comportement est sain et merveilleux, car la seule personne responsable de vos émotions/passé/blessures/croyances limitantes, c'est vous et vous seul ! Cela ne veut pas dire que vous ne pouvez pas compter sur votre partenaire, mais reconnaissez que prendre quelques minutes avec soi-même pour faire le tri de ce qui est pertinent à partager à l'autre évite souvent un déballage émotionnel intime qu'il est mieux de garder pour soi ou avec un thérapeute pour un travail ponctuel si besoin.

À l'inverse, si vous rencontrez quelqu'un qui accepte ce rôle de sauveur, vous mettez inconsciemment en place un stratagème dangereux ; celui d'un éventuel rapport de force dominant/dominé. Car en mettant votre partenaire sur un piédestal, vous lui donnez la possibilité d'exercer une sorte de contrôle sur vous et votre vie. Vous perdez votre liberté de choisir en entrant dans un système où vous ne faites que subir. Cela peut sembler insignifiant comme : il est passionné de surf, vous n'en avez jamais fait et n'avez pas envie de vous y mettre mais comme c'est sa passion vous le suivez chaque week-end et vacances sur des spots de surf et vous vous coupez de votre passion pour la musique qui est moins importante à vos yeux que celle de votre conjoint. L'engrenage est en marche...

Le vrai problème, c'est que cette carence affective attire des personnes peu recommandables ! Imaginons que ce manque dégage un parfum. Ne vous êtes-vous jamais mis du monoï le soir après une belle journée d'été ? Ce délicieux parfum sucré qui nous transporte directement au paradis ? À la fin du dîner, qui s'est tapé tous les moustiques de la table ? C'est vous !!! Eh bien, c'est pareil dans la vie ! Quand il vous manque une part de votre gâteau à la crème (confiance en soi, estime de soi...), vous sentez un délicieux parfum qui attire toutes sortes de personnalités toxiques qui vont venir se positionner en sauveur !

On me demande souvent des pierres, boucliers énergétiques, des « trucs » pour ne plus attirer ce genre de personnes. Je n'ai qu'une réponse : changez votre parfum ! Travaillez sur vous ! Devenez un seul, unique et délicieux gâteau à la crème !

N'oubliez jamais que VOUS êtes votre propre sauveur ! La dépendance affective naît du manque d'amour de soi. La personne panse son vide affectif avec un autre au lieu de sécuriser son intérieur ! Grâce à la méthode Happypop, vous avez une caisse à outils pour déborder d'amour et être autosuffisant. Soyez votre priorité, la personne la plus importante de votre vie ! Votre épanouissement personnel et votre sécurité intérieure sont vos boucliers « anti-personne toxique ».

« Les pervers narcissiques
sont des voleurs d'étoiles
éteignant toute vie dans les
yeux de leurs victimes. »

Comment repérer les personnes toxiques ?

Il y a une différence entre ce que je comprends avec ma tête et ce que je ressens dans mon corps. Lorsque l'on côtoie quelqu'un de toxique, on ressent une gêne corporelle, soit au niveau de la mâchoire, soit une tension dans le ventre. Une sorte de malaise s'installe qui nous empêche d'être nous-mêmes. Ce signal doit vous mettre la puce à l'oreille. Ce sont des personnes qui parlent de sujets négatifs, rien ne va jamais, tout est noir. Pour les clairvoyants, ces profils de personnes sont entourés d'un nuage noir opaque collant comme du goudron. Elles se nourrissent de votre énergie ou vous recouvrent de leurs malheurs, donc très souvent, vous êtes en pleine forme avant de les voir et exténué en sortant du dîner/café ou autre rendez-vous. Donc, si vous avez un doute sur une personne de votre entourage, prenez cinq minutes avant de la voir pour mesurer votre énergie et faites la même chose en sortant.

LES TIPS DE CONSTANCE

Malheureusement, il est possible d'en avoir dans son cercle familial, amical (proche ou éloigné), dans son travail... Avant de passer du temps avec eux, préparez-vous ! Soyez très clair sur ce que vous voulez partager et garder pour vous, redéfinissez vos limites afin de les poser dès que vous en ressentez le besoin. Utilisez vos ressources vues dans les chapitres précédents, redirigez la conversation si nécessaire et soyez libre de partir quand vous le sentez ! Choisissez ce qui est juste pour vous !

Attention ! Si votre amie traverse un moment difficile et qu'en sortant de votre dîner vous vous sentez vidé, car vous lui avez offert votre soutien pendant deux heures, cela ne fait pas d'elle une personne toxique ! Sinon nous sommes tous toxiques pour quelqu'un un jour ou l'autre !

Une personne toxique vide systématiquement votre énergie. Elle vous rabaisse ou se moque de vous sous couvert d'humour.

Elle ne respecte pas vos besoins, vos limites, crée un climat de culpabilité dans votre vie et vous fait systématiquement des reproches pour vous faire vous sentir coupable. La culpabilité est un puissant levier de manipulation ! C'est insidieux, presque invisible, et pourtant c'est présent à tout moment.

Certaines de ces personnalités souffrent d'un trouble de la personnalité mêlant perversion et narcissisme. Perversion pour le plaisir qu'elles ont à faire du mal autour d'elles et narcissisme pour leur obsession d'eux-mêmes. On les appelle « pervers narcissique ». Ce trouble de la personnalité reconnue depuis peu nous permet de considérer ces personnes comme dangereuses et destructrices.

J'ai reçu, une fois en six ans, une jeune fille de quinze ans avec ce trouble de la personnalité. Elle était accusée de harceler des camarades de classe au collège et de créer beaucoup de conflits dans sa famille et entre ses parents.

Retour de consultation

Lorsque je me retrouve en face de la jeune fille, je ressens une sorte de dissonance entre ce qui sort de sa bouche et sa vibration. Il y a beaucoup de noir autour d'elle. Mon corps se crispe, j'ai mal à l'intérieur des oreilles et j'ai un poids sur mon plexus qui m'empêche de respirer normalement. J'ai comme une danseuse classique en tutu rose qui hurle du hard rock en face de moi. Elle semble de l'extérieur très sûre d'elle, elle contredit son père avec véhémence, elle est conquérante, très contrôlante, et tout cela avec un sourire charmant.

Quelle ne fut pas ma surprise quand je me suis connectée à son cœur. J'avais devant moi comme une terre brûlée, noire, sans vie. Une immense tristesse est apparue. On me demandait de remettre de la vie, car je sentais comme un pouls à réanimer dans l'invisible. J'avais une toute petite fille pleine de doutes en face de moi ; rien à voir avec l'adolescente confiante du début de séance. L'énergie a nettoyé les événements familiaux et a replanté des graines dans cette terre aride. J'ai vidé une haine de la vie et des autres, réparé un rapport à l'autre dysfonctionnel. Le fait que je sois connectée à sa vérité et qu'elle comprenne que je la voyais telle qu'elle était et non pas comme elle voulait que je la voie a provoqué une immense colère. Elle était démasquée ! Qui étais-je pour l'aider à aller mieux puisqu'elle allait très bien ? Qui étais-je pour panser sa vulnérabilité et sa tristesse refoulée ? Elle voulait fuir ou me taper (!!) mais son père lui faisait signe de rester assise. À la fin du soin, elle avait du rose aux joues, de l'amour dans le cœur mais son ego était mortifié, car j'avais découvert la mascarade, la supercherie. Au lieu de déposer les armes et de commencer un chemin de reconstruction, cette jeune femme est partie avec sa rage et continue de la semer sous son masque adorable jusqu'au déclic… si un jour il y en a un ! Et elle seule aura le pouvoir de faire ce travail. Son père sera toujours impuissant face aux choix de sa fille.

Qu'est-ce qu'un pervers narcissique ?

Le pervers narcissique est un pervers manipulateur toxique. Il aime le contrôle et la toute-puissance. Il ne vit que dans les rapports de force. Il doit dominer, écraser, être le meilleur, avoir le contrôle pour survivre. Il est dénué d'empathie et se met très souvent dans des colères XXL, toujours en huis clos, où il perd le contrôle de lui-même (sa voix change, devient glaciale et on découvre une haine abyssale dans ses yeux). Ils ont différents visages et changent de masque en fonction de la personne à séduire : séducteur doté de toutes les qualités possibles ou victime faible et innocente.

Ce sont des personnes très intégrées socialement, qui ont beaucoup d'amis, qui aiment partager leurs valeurs morales, qui font du bénévolat. Ce sont des gens pour qui l'apparence est très importante. Il faut être bien sous tous rapports ! Ce sont de grands séducteurs physiquement mais surtout intellectuellement. Ils donnent l'impression d'une grande confiance en eux, ils sont avenants et sécurisants, surtout lorsqu'ils ont repéré une personne en manque de sécurité. Ils sont intelligents, drôles, charmeurs, flatteurs. Ils adorent les groupes, car ils aiment être vus et écoutés. Ils aiment avoir un auditoire pour leurs aventures personnelles qu'ils adorent raconter à tout va. Ce sont des professionnels de la manipulation qui soufflent le chaud/froid en permanence (un compliment/un reproche/un compliment/un reproche...). Ce sont des personnes auto-centrées qui ne s'intéressent pas aux émotions des autres et qui excellent dans l'art de la manipulation ! Sous couvert d'un cadeau, ils attendront de vous un retour, idem pour les services rendus ; vous sentez comme un malaise qui s'installe.

Ces personnes-là adoooorent le monoï ! Elles raffolent des failles des belles personnes et s'y engouffrent avec joie. Celle qui n'a pas confiance en elle sera subjuguée par cette personne charismatique, brillante... Alors que tout est faux ! Ce sont des coquilles vides, c'est pour cela qu'elles ont besoin de se nourrir de la lumière des autres : de leur joie, de leur enthousiasme, de leur innocence. Elles sont déconnectées de leur cœur, de leur essence. Elles déchargent leur propre souffrance en faisant souffrir les autres, en les rabaissant, en les humiliant, et elles en éprouvent du plaisir. Au quotidien, elles sont d'une grande mauvaise foi, elles se contredisent en permanence, retournent les situations à leur avantage, mentent comme elles respirent et les personnes de leur entourage ont l'impression d'être folles, car elles perdent le sens de la réalité. La dépression touche certaines victimes qui s'enfoncent peu à peu dans une confusion mentale et une profonde impuissance.

TIPS DE CONSTANCE

Je conseille aux gens qui viennent au cabinet de noter dans un carnet tout ce qui est dit avec l'heure et la date : insultes, dévalorisations, humiliation, critiques, disputes. Cela permet d'ensuite vérifier que l'on n'a pas rêvé et que le problème ne vient pas de soi. Comme elles déforment la vérité et mentent en permanence, c'est le début du process « je reprends ma vie en main » ! Car le lavage de cerveau ou « *gaslighting* » est leur spécialité, c'est le début de la perte de repères de la victime et l'ouverture de la brèche pour tomber dans l'emprise psychologique.

Ce sont des personnes dans une profonde obscurité mais elles ont le choix et la responsabilité de la travailler ou pas.

Alors par pitié, arrêtez de vouloir prendre en charge les douleurs de ces personnalités dysfonctionnelles et occupez-vous des vôtres !

Le mode opératoire est toujours le même. Ils séduisent une personne solaire qui a des failles (traumatismes d'enfance non guéris, insécurité émotionnelle) ou lorsque celle-ci traverse une période difficile et se sent vulnérable (deuil, séparation amoureuse, perte de job). Ce sont des prédateurs qui flairent l'animal blessé ! Pendant quelques mois, le mode séduction est activé. La personne à conquérir reçoit cadeaux, attentions, mots doux, week-end en amoureux ! Le pervers se renseigne sur les goûts de la personne à séduire et lui fait croire qu'il partage les mêmes passions.

« Se décevoir soi-même
pour ne pas décevoir
les autres est la plus
grande des trahisons. »

ÉMILIE PAQUIN

Les retours que j'ai à chaque fois sont : « C'était un vrai conte de fées, Constance, il était parfait, comme dans un Walt Disney, on aime les mêmes choses, j'ai rencontré mon âme sœur. » Quelques mois plus tard, quand la proie est ferrée, le masque tombe. Un premier reproche brutal. Une violente dispute pour un rien. Des injonctions paradoxales : « Il est joli ton manteau, dommage que tu sois petite ». Des excuses, puis ça recommence de plus belle. Un chaud/froid s'installe. Des mots cassants, comme si de rien n'était, tous les jours, puis des excuses. C'est l'incompréhension. Le rêve vire au cauchemar et la personne empathique se dit que c'est sa faute, qu'elle a dû provoquer ce changement de réalité, qu'elle est à l'origine du conflit, que c'est une mauvaise passe. Elle garde dans son cœur ce début idyllique et n'aspire qu'à une chose : que le conte de fées revienne.

Or il n'y avait pas de conte de fées ! Il n'y avait que de la manipulation et des paillettes !

Je reçois au cabinet de nombreuses personnes qui ont laissé entrer dans leur vie ces personnalités ! Votre lumière, votre profonde empathie et vos blessures non guéries vous font parfois croire que vous pouvez les aider à guérir : « Oui mais, Constance, je voyais ses tourments et je pensais que mon amour et mes actions quotidiennes pourraient le guérir ! ».

J'ai trois conseils pour vous :

- Guérissez-vous vous-même.
- Laissez l'autre libre de faire ce travail pour lui ou pas.
- Si vous croisez la route d'une personne qui répond à ces critères : fuyez !

Une dernière chose. Si lors d'une première rencontre, la personne que vous connaissez depuis dix minutes vous flatte comme jamais vous avez été flatté (ni par votre chéri, meilleures copines...), activez votre capacité de discernement et prenez un peu de recul. Ne tombez pas dans le panneau en cinq minutes, respirez et engagez une conversation saine et voyez ce qu'il en ressort. Oui, c'est vrai, ça fait plaisir de recevoir des compliments, mais prenez le temps de regarder la situation quelques jours plus tard. Vous avez peut-être rencontré une personne sympa qui va un peu vite et donc c'est à vous de poser vos limites. Vous verrez alors comment évolue la relation (amicale ou amoureuse).

Vous avez peut-être rencontré une personne mal intentionnée qui vous réveille et vous permet de regarder ce qu'il faut renforcer dans votre cœur : estime de vous? confiance en vous? sécurité intérieure? Prenez votre vie en main et soyez la personne qui comble vos besoins... N'oubliez pas qu'une relation est un échange! Qu'auriez-vous envie de partager avec cette personne si elle entrait dans votre vie?

Contrairement aux pervers narcissiques qui veulent vous détruire, il existe des vampires énergétiques. Ces gens-là vous adorent! Ils se nourrissent de vos idées, de votre énergie vitale, de votre passion, de votre présence, de votre style. Vous êtes vidé après les avoir vus et ils ne vous offrent jamais rien en retour. Cette bonne entente peut vous faire douter de la toxicité de la personne. Revenez dans votre corps, et faites confiance à vos ressentis. Souvent, nous ne sommes pas nous-mêmes auprès d'eux. Il est parfois difficile de trancher mais vous choisir est le plus beau cadeau que vous puissiez vous offrir.

Posez-vous ces quelques questions avant de faire entrer quelqu'un dans votre cœur : cherchez dans votre mémoire la dernière personne rencontrée.

Qu'est-ce qui vous a plu chez cette personne ? Ex. : elle est tout ce que je ne suis pas : elle est belle, douce, elle a confiance en elle…

....

....

....

....

....

Si j'imagine que cette personne est un reflet de ce que j'aimerais penser de moi, sur quoi dois-je travailler ? Ma confiance en moi, ma valeur pour me sentir plus puissante quand je rencontre de nouvelles personnes…

....

....

....

....

....

Faites une petite liste de tous vos points forts. Ex. : je suis très drôle, je suis super créative.

....

....

....

....

....

Si cette personne entre dans votre vie, qu'avez-vous envie de partager avec elle ?

. . . .

. . . .

. . . .

. . . .

. . . .

LES TIPS DE CONSTANCE

Une amitié, une relation amoureuse est un partage, la rencontre de deux univers qui crée un troisième univers commun, sinon on parle de relation fusionnelle. Dans la fusion, il y en a toujours un qui perd ! C'est votre construction intérieure qui fera la différence. Lorsque l'on est aligné, il est juste pour nous de communiquer nos envies, nos besoins et de poser nos limites. Plus vous êtes en place, plus vous attirez à vous le bon match énergétique !

Le drame des victimes de ces personnalités toxiques est l'emprise psychologique. Sournoise et invisible, elle s'immisce dans chaque recoin. La victime est comme vidée de sa substance, son estime de soi est souvent détruite, elle ne sait plus qui elle est sans son bourreau. Un travail énergétique, psychologique et corporel est nécessaire. Un seul ne suffit pas. Ce travail est long mais il porte ses fruits et la personne retrouve peu à peu son identité, sa dignité et ses repères.

Retour de séance

Marie vient au cabinet, car elle se sent bloquée dans sa vie. Incapable de faire ses propres choix. Elle doute de tout : de son couple, de son boulot, de sa valeur. Elle ne sait pas si elle doit acheter un appartement ou continuer à louer. Elle ne sait pas où elle veut partir pour les prochaines vacances. Pourtant, tout va bien dans sa vie. Elle est en couple depuis deux ans avec une personne géniale qui ne lui impose rien alors que son ex décidait de tout. Elle bosse dans l'événementiel et adore son métier. Elle se sent pieds et poings liés mais ne comprend pas pourquoi ! Lorsque je me connecte à Marie, je la vois entourée de fils, comme un rôti dans la vitrine du boucher. Je vois que son être est dans une détresse totale, comme évanoui. Je dois prendre de grandes inspirations pour pouvoir respirer, car je suis étouffée comme dans le corps de Marie. Son âme me chuchote quelque chose que je n'arrive pas à comprendre, puis je finis par entendre : « Au secours ! » Je nettoie avec l'énergie et coupe les fils qui la statufient. La lumière blanche ne suffit pas, mes guides* utilisent de l'eau de Lourdes et la lumière arc-en-ciel pour réanimer Marie. Je commence à respirer normalement, ma cage thoracique se libère et Marie s'endort presque dans le fauteuil. Je vois le visage d'une femme malveillante autour d'elle et je vois

* Les guides sont les êtres de lumière qui m'accompagnent pendant mes soins.

le mot « maman ». Je lui demande comment était sa mère quand elle était enfant. Car j'ai vu les dégâts provoqués chez sa fille. Une perverse narcissique crée des étouffements de ce genre. Ces personnalités phagocytent mentalement, émotionnellement et énergétiquement leur proie, que ce soit leur femme, fille, amie, collègue de boulot, peu importe. Leur seul but est de se remplir de la lumière qu'elles n'ont pas. Marie repart avec des exercices afin qu'elle puisse enfin se découvrir dans son intégralité et les coordonnées d'une psychologue pour commencer un travail de fond.

Un mois plus tard, Marie me raconte que son ostéo lui a demandé ce qu'elle avait fait, car son diaphragme était comme « libéré »!

Marie a commencé un long travail de reconstruction avec différents intervenants pour réparer sa faille émotionnelle et se reconnecter à son essence abîmée pendant son enfance par sa mère.

Vous avez la possibilité de couper ces liens toxiques dans l'invisible, là tout de suite, grâce à un outil ludique et incroyablement efficace appelé : les bonshommes allumettes de Jacques Martel !

Les bonshommes allumettes

Cette méthode va agir sur votre subconscient (qui est un peu le disque dur de votre cerveau) et vous permettre de vous libérer en coupant les liens d'attachements toxiques qui vous empêchent d'être le seul pilote de votre vie. Vous savez, ces poids émotionnels qui vous pèsent au quotidien. Cette approche est originale mais comme votre cerveau ne fait pas de différence entre le réel et l'imaginaire, vous allez constater une grande libération.

Sur une feuille blanche A4, vous allez dessiner la personne avec qui vous sentez un poids, une gêne, quelque chose dont vous avez envie de vous débarrasser.

Attention, vous ne pouvez pas faire les bonshommes allumettes sur deux personnes de votre entourage, vous devez être l'un des deux protagonistes sur la feuille !

Nous pouvons, également, ressentir un lien désagréable avec une situation ou encore un endroit, par exemple : pour la vente d'une maison afin de couper tous les liens affectifs qui nous empêchent de la vendre.

C'est une des techniques les plus simples à réaliser.

Il suffit d'avoir une feuille, un stylo (éventuellement des feutres de couleurs) et une paire de ciseaux.

- On commence par se dessiner soi-même sous forme de « bonhomme allumette », c'est-à-dire en bonhomme bâton.
- Sous ce dessin, on écrit son prénom et son nom de famille.

- À côté de ce bonhomme, on dessine un autre bonhomme en écrivant en dessous son prénom et son nom de famille. Il est possible de dessiner un rectangle dans lequel on écrit la situation ou le souci que l'on souhaite régler : l'adresse de la maison que je souhaite vendre, le job que je veux quitter…
- Autour de chaque représentation, on dessine un cercle de lumière et des petits rayons. Ces cercles vont symboliser le fait qu'on souhaite le meilleur à soi et à l'autre.
- On trace ensuite un grand cercle de lumière qui va entourer les deux personnes, pour symboliser que l'on souhaite le meilleur pour tout le monde. On n'oublie pas les petits rayons lumineux.
- On relie ensuite chacun des chakras (cf. dessin) de notre bonhomme au chakra de l'autre : chakra racine/pubis, puis sacré/nombril, plexus solaire/plexus, cœur, gorge, troisième œil/entre les yeux et enfin, chakra couronne/sommet du crâne. Vous pouvez garder votre stylo ou utiliser des crayons de couleur pour les différents chakras.
- Enfin, la dernière étape : avec une paire de ciseaux, on va découper la feuille en deux, en séparant les deux bonshommes. Et on dit (à voix haute ou dans sa tête) : « Les liens toxiques sont rompus ! » ou « je suis libre ! ».

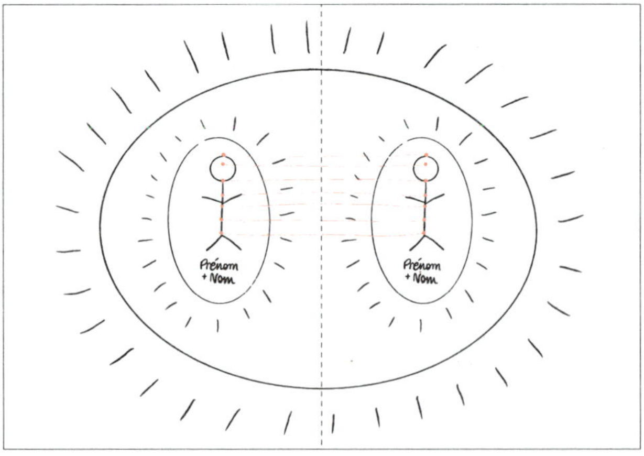

C'est aussi simple que ça. Vous pouvez sentir un soulagement dans votre corps. Peut-être avez-vous toussé lorsque vous avez coupé les fils ? Tous les ans, pendant mes ateliers, j'assiste à des libérations physiques immédiates. C'est extraordinaire à voir. Certaines pleurent, d'autres soupirent, baillent, ont besoin de prendre l'air, de s'allonger. Il est possible que vous receviez un appel durant la semaine de la personne concernée car tout ce que l'on fait dans l'invisible a des répercussions dans le visible.

Il est possible de ressentir le besoin de brûler la feuille ou de le refaire… N'hésitez pas ! Écoutez-vous !

Comment couper les liens toxiques à l'intérieur de soi-même ?

Tout le monde a déjà eu un moment dans sa vie où, lorsqu'un projet important touche à sa fin, il ne reste plus que 2 marches sur les 197 que vous avez déjà montées et tout à coup, vous êtes bloqué. Arrêt sur image. Peur, remise en question de ce projet, de sa légitimité, du sens même de ce long travail de plusieurs mois ou années… Et vous tournez le dos pour redescendre les marches. Mais pourquoi, me direz-vous ? Parce que votre petite voix intérieure, votre peur a pris le dessus et vous l'avez écoutée comme si elle détenait la vérité. On appelle cela de l'auto-sabotage. Moi, j'appelle cela « la trouille de réussir », la peur de votre lumière, de votre puissance et de votre succès ! C'est une remise en question de votre valeur personnelle, de votre capacité à embrasser votre vie qui nécessite une confiance en votre puissance à traverser les tempêtes, un ancrage puissant dans votre sécurité intérieure et une foi en la vie, un abandon de ce que vous désirez pour vous ouvrir sur d'infinies possibilités que vous remettez dans les mains de l'univers.

Alors, comment faire pour monter ces deux dernières marches ? Il est nécessaire de descendre à l'intérieur de votre cœur.

Descendez à l'intérieur de votre cœur

Prenez un petit moment pour vous et allongez-vous confortablement sur votre lit, votre canapé… Imaginez une échelle qui descend à l'intérieur de votre cœur. Dans cet endroit sécurisant et secret, vous y retrouvez votre enfant intérieur et un écran de cinéma blanc devant lequel se trouvent quelques fauteuils. Prenez place, votre mini et vous, et observez l'écran. Choisissez dans votre esprit un moment où vous n'êtes pas allé au bout de quelque chose qui vous tenait pourtant à cœur. Imaginez ce moment projeté sur l'écran devant vous. Quand arrive le moment qui bloque : cela peut être une phrase qui vous a découragé, un événement, une pensée. Faites un arrêt sur image et faite sortir le « vous » de l'image afin qu'il vienne vous retrouver ici et maintenant. Engagez une conversation avec votre « vous » de ce moment décisif de votre parcours :

Que s'est-il passé à ce moment de ma vie ? (J'ai eu peur de ne plus avoir assez de temps pour ma famille si ce projet aboutissait, j'ai eu peur de gagner plus d'argent que ma collègue, est-ce que c'est vraiment légitime avec mes diplômes ? ...)

Que m'a-t-il manqué comme ressources, qualités pour aller au bout de mon désir ? (Du courage, de la témérité, de l'audace, de la douceur, de la fermeté ? ...)

Quel impact cet événement aurait-il eu sur moi si j'avais été au bout ? (Il m'aurait donné confiance en moi et j'aurais peut-être monté ma boîte depuis, j'aurais osé exposer mes photos à l'exposition annuelle de ma ville…).

Accueillez toutes les réponses, échangez entre votre « vous » de l'époque et le « vous » d'aujourd'hui.

Quand vous le sentez, choisissez deux, trois qualités et ressources nécessaires au bon fonctionnement de l'action et raccompagnez le « vous » de l'image devant l'écran pour qu'il puisse y retourner, et remettez le film en route. Vous découvrez la version de vous forte de ces nouvelles ressources et une toute nouvelle histoire s'écrit sous vos yeux. Vous montez les deux dernières marches, vous êtes dans votre plein potentiel, fort dans votre vérité. La paix revient en vous. Profitez.

Petit à petit, revenez ici et maintenant. Vous pouvez réutiliser cet outil quand vous voulez, il répare, et ce travail de recherche de ressources va vous permettre de remettre dans votre subconscient de la confiance et de la joie.

Résumez en quelques lignes l'expérience que vous venez de vivre.

. . . .

. . . .

. . . .

Continuons notre chemin de guérison pour développer votre capacité à transformer toutes sortes d'obstacles afin de concrétiser vos projets ou d'atteindre vos objectifs.

Visualisation pour atteindre vos objectifs

Prenez le temps de faire cette visualisation dans un endroit calme. Vous pouvez le faire avec une personne de confiance, vous lui ferez un cadeau magnifique en partageant avec elle. Ou enregistrez-vous pour pouvoir vous détendre et profiter pleinement de cette reprogrammation de votre subconscient.

Imaginez que vous êtes sur un chemin qui vous mène à une bâtisse, qui correspond à un objectif personnel ou professionnel.

Le chemin symbolise votre vie et la bâtisse, la réalisation de votre objectif personnel ou professionnel : création, guérison, histoire d'amour…

À quoi ressemble votre bâtisse ? Est-ce une jolie maison au bord de la rivière ? un appartement à New York ? une *tiny house* en bord de mer ?

Regardez votre chemin. Est-il en pierre ? en gravier ? en terre ? Êtes-vous pieds nus ? en bottines ? en talons ? Avancez tranquillement. Êtes-vous seul ? Y a-t-il du monde pour vous accompagner ?

Soudain, imaginez que quelque chose vous coupe la route, vous barre le passage. Cette gêne représente vos croyances limitantes, vos peurs, vos doutes, toutes les personnes malveillantes qui vous empêchent d'accéder à votre plein potentiel.

Posez une main sur votre cœur et observez ces blocs.

À quoi ressemblent-ils ? Un rocher ou une montagne ? un précipice, un mur, une tempête, une personne, un animal ? Est-ce si effrayant que ça ?

Est-ce réellement insurmontable ? Si oui, essayez de ressentir ce qui vous entoure. Respirez l'air, touchez l'herbe, les arbres, la mer. Écoutez les oiseaux…

Maintenant, c'est à vous de jouer ! Que pouvez-vous faire pour passer de l'autre côté de l'obstacle ? Faites tout ce que vous pouvez pour l'escalader, le détruire ou l'enlever. Prenez tout votre temps, soyez consciencieux, impliqué. Vous pouvez appeler, dans votre visualisation, votre ange gardien ou un ami, votre chéri.

Continuez même si c'est dur ! N'abandonnez pas, car le fait de franchir cet obstacle va changer votre vie.

Une fois le bloc franchi, continuez d'avancer vers la bâtisse. Si vous rencontrez de nouveaux obstacles, détendez votre corps et réappliquez la méthode ci-dessus, vous l'avez déjà fait, vous êtes plus fort et vigoureux.

Lorsque vous arrivez devant la bâtisse, observez tous les détails et entrez. À l'intérieur, vous trouverez un objet ou une image qui vous éclaire sur ce dont vous avez besoin pour réaliser votre projet.

Lorsque vous le prenez dans vos mains, ressentez la joie qui inonde votre cœur, le sentiment d'accomplissement. Bravo, vous avez réussi ! Vous saurez à partir d'aujourd'hui déjouer les pièges qui pourraient se présenter sur votre chemin.

Vous pouvez imaginer une foule de gens qui vous applaudit, une pluie de plumes, une chorale qui chante sa joie derrière vous !

Qu'avez-vous trouvé comme image ou objet ?

. . . .

Gardez ce cadeau précieusement dans un coin de votre cœur et repensez-y quand les doutes viennent frapper à la porte ou lorsque vous ne vous sentez peut-être pas à la hauteur.

Être à la hauteur

« Personne ne peut vous diminuer
sans que vous y consentiez. »

ELEANOR ROOSEVELT

Un autre lien toxique que nous pouvons avoir avec nous-mêmes est le fameux « Je ne suis pas à la hauteur ! ». Toxique, car il empêche la personne de se lancer dans cette nouvelle formation, de prendre en charge ce nouveau client ou toute autre responsabilité.

Je retrouve souvent cette problématique quand je me connecte aux gens lors de mes soins. Pour certains, ce stress prend racine pendant l'enfance quand notre enfant intérieur ne veut pas décevoir son ou ses parents. Cette recherche de validation est légitime, car l'enfant survit grâce à ses parents qui le protègent et le mettent en sécurité. Les décevoir serait perdre cette sécurité et se retrouver en danger. Vous comprenez ? Adulte, c'est une autre histoire puisque lorsque nous sommes construits et alignés avec nos valeurs et besoins, nous cherchons à incarner la meilleure version de nous-mêmes pour nous, sans forcément être validé par l'extérieur.

Il est donc important de jouer cartes sur table et de faire le point sur ce que l'on attendait de soi quand nous avions dix ans et ce que l'on attend de soi aujourd'hui, des années plus tard !

Plus la barre est haute, plus on s'intoxique en auto-jugements, critiques et autres dévalorisations permanentes.

Il est temps d'y voir plus clair !

Prenez quelques minutes pour compléter ces quelques questions afin de définir cette fameuse hauteur.

Que referme ce mot « hauteur » ? Vos compétences au boulot, vos qualités de mère ? de fille ? de femme ? Qu'attendez-vous de vous ? Listez les différents points.

Qu'avez-vous ressenti en écrivant cette liste ? Ex. : j'ai ri, car c'est n'importe quoi, je me suis mise à pleurer, car c'est beaucoup trop et j'ai fait un câlin à mon enfant intérieur (cf. chapitre 1).

. . . .
. . . .
. . . .
. . . .
. . . .

Reprenez cette liste et imaginez que vous êtes avec la personne que vous aimez le plus. Que lui diriez-vous ? Quels conseils ?

. . . .
. . . .
. . . .
. . . .
. . . .

Choisissez deux, trois points de la liste qui vous tiennent à cœur et que vous voulez améliorer. Et regardez les autres en vous demandant s'ils sont toujours d'actualité aujourd'hui. Ne sont-ils pas un besoin du passé qui n'a plus lieu d'être aujourd'hui ?

. . . .
. . . .
. . . .
. . . .
. . . .

Ce travail est libérateur, c'est une sorte de mise à jour interne, un peu comme sur nos téléphones ! On récupère de nouveaux émojis, pour autant, nos contacts, photos et souvenirs sont toujours là ! Du *home staging* qui fait du bien.

MÉMO POP

Vous êtes votre propre sauveur. Personne ne peut vous guérir de vos blessures à part vous.

Votre corps vous parle lorsque vous rencontrez une personne toxique. Crispation, gêne corporelle. Écoutez-le et fuyez !

Un pervers narcissique se nourrit de l'énergie vitale de sa proie jusqu'à la détruire.

Un vampire énergétique ne veut pas vous nuire. Il vous admire et se nourrit de vos idées, passions et de votre présence.

Les bonshommes allumettes de Jacques Martel permettent de couper les liens toxiques, dans l'invisible, avec ces personnes et situations désagréables.

Stop aux liens toxiques avec vous-même ! Lorsque vous incarnez la meilleure version de vous dans le respect de vos besoins et vos valeurs, vous pouvez vous valider : vous êtes à la hauteur. Pas plus, pas moins qu'un autre ; juste ce qu'il faut !

6

Comment prendre sa place ?

« Je prends ma place ! » Quatre mots magiques, vous ne trouvez pas ? Allez-y, dites-les à voix haute et regardez ce qui se passe dans votre corps ! Recommencez si rien n'a encore bougé et observez comme vous allez inconsciemment replacer votre dos, redressez votre tête, vous aligner avec la force de ces mots. Votre posture s'affirme et révèle instinctivement votre puissance intérieure.

Prendre sa place, c'est oser ! Oser sortir de sa grotte, partager son opinion, dire non quand on le souhaite. C'est oser vivre la vie de ses rêves, apprendre, tomber, se relever et recommencer. C'est ne jamais abandonner même si c'est dur, même si les autres ne sont pas d'accord, même si on est le seul à ressentir ce que l'on ressent, c'est se faire confiance et avancer coûte que coûte sur son chemin en sachant que la vie est courte et que la vie, c'est maintenant, pas demain !

Il est important de savoir que lorsque l'on prend sa place, on ne prend la place de personne d'autre. Chaque individu sur cette terre a quelque chose de singulier à offrir au monde. Si vous prenez dix guitaristes, ils ont beau faire le même métier, il n'y en a pas un qui joue comme l'autre. Idem pour les coiffeurs, avocats, peintres… chacun y mettra sa touche personnelle et rendra unique sa façon de faire.

Vous avez une place à prendre, celle où votre être profond peut s'exprimer, celle où vos talents peuvent s'épanouir, celle où travailler se transforme en normalité et où l'effort est moindre. Ce n'est pas un rêve, une utopie. La seule façon de découvrir cette place est d'être connecté à soi, de se connaître, de se respecter, tout ce que nous venons d'évoquer précédemment. Il y aura toujours des périodes sans envie, traversées de tristesse ou autres émotions inconfortables, mais lorsque vous êtes connecté à votre vérité, ça change tout, vous êtes en sécurité dans votre cœur.

Alors, cap ou pas cap ? J'ai écrit cette chanson pour me donner de la force pendant une période où j'avais des choix parfois vertigineux à faire. Elle m'a tellement aidée ! J'espère qu'elle vous donnera aussi des ailes et qu'elle vous permettra d'oser !

Chantez cette chanson comme un mantra, elle booste et donne envie de se lancer ! Vous savez, le « Pourquoi pas moi ? » qui nous trotte dans la tête ! Je l'écoute souvent quand j'ai besoin d'un petit coup de pied aux fesses, et ça marche !

Je vous mets les paroles ci-dessous :

Qu'est-ce qui t'arrive quand tu mets de la folie dans ta vie ?
Qu'est-ce qui t'arrive quand tu sens cette force en toi, cette envie ?
Est-ce que tu crois que ça vient par hasard juste comme ça ?
Est-ce que tu crois qu'on peut accepter de le vivre qu'une fois ?

Cap ou pas cap de claquer ta porte ?
Cap ou pas cap de changer les notes ?

De sauter dans l'inconnu, de vivre,
de risquer de déplaire et d'en rire.

Chacun a un talent, alors prends ton temps
Regarde ce qui te rend vivant
Choisis ta vie maintenant
Le talent, c'est l'envie, la passion
Le talent, c'est l'envie, pas un don

Qu'est-ce qui t'arrive, dis-moi quand tu frissonnes de plaisir ?
Qu'est-ce qui t'arrive quand tu sens cette joie profonde t'envahir ?
Oui toi le commerçant, le consultant, le peintre en bâtiment,
Oui toi l'enseignant, l'écrivain, le médecin, l'assistant

Cap ou pas cap de claquer ta porte ?
Cap ou pas cap de changer les notes ?
De sauter dans l'inconnu, de vivre,
de risquer de déplaire et d'en rire.

Chacun a un talent, alors prends ton temps
Regarde ce qui te rend vivant
Choisis ta vie maintenant
Le talent, c'est l'envie, la passion
Le talent, c'est l'envie, pas un don

Oui mais, comment fait-on quand on a peur ?

On va chercher à se brancher à notre « *safe place* », cette partie de nous qui sait que l'émotion finit par passer et que nous sommes le capitaine de nos pensées. Celle qui nous chuchote « ça va aller » quand on traverse une tempête.

Cette sécurité intérieure, c'est celle que vous apprenez à muscler depuis le chapitre 1. Celle qui permet à votre enfant intérieur d'être en lien avec vous à chaque seconde, celle qui vous connecte à votre joie. Vous avez décortiqué vos peurs au chapitre 4. Continuez à observer ce qui se passe en vous, vous allez voir apparaître une paix derrière l'agitation, car « ceux qui abandonnent ne gagnent jamais, ceux qui gagnent n'abandonnent jamais », dixit Napoleon Hill. Je vous laisse choisir votre camp !

J'ai opéré pas mal de virages dans ma vie, j'ai réalisé de nombreux projets, j'ai été au bout de chacun la trouille au ventre. On me dit souvent : « Non mais toi, t'as peur de rien ! » Cette phrase m'a toujours amusée parce que : pas du tout ! J'ai peur en permanence, mais très tôt j'ai décidé que ce ne serait pas ma peur qui dirigerait ma vie. Alors je la trimballe en bandoulière quoi que je fasse, je l'apprivoise comme un petit chaton à qui on n'a pas coupé les griffes ! Parfois, elle me rappelle qu'elle est bien là, juste pour que je m'arrête, et une caresse plus tard… je repars ! Pour chaque projet, j'ai utilisé les exercices de ce livre, j'ai écouté et chanté mes chansons pendant cinq ans ! J'ai créé un refuge douillet dans mon cœur. Depuis, je me suis découverte sauvage et solitaire, car ma vie intérieure est si riche que je m'entoure de quelques personnes qui me font du bien et basta ! Mon focus chaque matin : me brancher sur ma plus haute fréquence vibratoire. Comment je fais ? En accueillant ce qui est (mes doutes/peurs) et en les laissant me traverser. Puis je redirige mes pensées vers ce que je souhaite créer dans ma vie, je reprends le volant de mon esprit.

Pour être un bon commandant de bord, il faut bien connaître son bateau. Je vous propose donc de partir à votre rencontre, celle de votre identité d'aujourd'hui !

« Croyez en vos rêves et
ils se réaliseront peut-être.
Croyez en vous et ils se
réaliseront sûrement. »

MARTIN LUTHER KING

Qui êtes-vous aujourd'hui et qui voudriez-vous être ?

« Nous sommes nos choix », disait Jean-Paul Sartre.

Cette citation est mon modjo ! Je suis responsable de chacun de mes choix et de leurs conséquences ! Mon travail de ces quinze dernières années m'a permis de mettre en lumière mes croyances, systèmes de pensée et blocages inconscients qui me faisaient choisir une route en recherchant la sécurité au lieu du chemin qui mène à la joie. C'est ce travail que vous vous offrez à travers cette méthode. En questionnant, en fouillant, en accueillant des protections obsolètes, vous retrouvez votre plein potentiel et votre capacité de discernement. Ce qui est très utile lorsque vous devez faire des choix, vous en conviendrez. Plus vous vous connaissez, plus vous êtes à même de choisir le bon chemin sans vous laisser influencer par vos émotions mais en vous connectant à votre sagesse, à votre vérité.

Allons explorer votre « vous » d'aujourd'hui et votre « vous » rêvé…

Comment vous décririez-vous en quelques lignes ? Ex. : organisé, fiable, prévenant, doux, gentil, attentionné, aimant, bon manager…
Si l'introspection est facile pour vous, répondez à ces questions. Si vous avez tendance à voir davantage vos défauts, cherchez à mettre en lumière vos qualités.

Si c'est trop difficile, n'hésitez pas à demander à une personne de confiance de répondre à ces questions, vous serez étonné de ses réponses. Envoyez un mail à deux, trois amis et réchauffez votre cœur avec leurs réponses ! Notez-les ici et gardez-les précieusement. N'hésitez pas à demander à vos amis s'ils ont des axes d'amélioration à vous proposer (en toute bienveillance).

. . . .
. . . .
. . . .
. . . .
. . . .
. . . .

Quelles sont les personnes que vous admirez le plus ? Pourquoi ? Qu'est-ce qu'elles allument chez vous ? Curiosité, motivation ?

. . . .
. . . .
. . . .
. . . .

Quels sont vos points communs et vos points divergents avec ces personnes ?

. . . .
. . . .
. . . .
. . . .

Que vous manque-t-il pour leur ressembler ? Faites votre TO DO liste des points à bosser :

. . . .
. . . .
. . . .

. . . .

. . . .

. . . .

Maintenant, attardons-nous quelques minutes sur ce petit exercice trop génial ! Prenez un peu de temps !

Si j'avais une baguette magique (avec une étoile au bout !!) et que je pouvais vous transformer en votre « vous idéal », qui serait-il ? Soyez précis, décrivez cette personne physiquement et psychologiquement, amusez-vous ! Quel job ferait-il ? Où vivrait-il ? Quels seraient ses loisirs ? ses vacances ? ses amis ? Je n'ai pas de baguette magique hein, alors faites-vous ce cadeau rien que pour vous !

. . . .

. . . .

. . . .

. . . .

Certaines émotions vous montrent une partie de vous qui n'est pas comblée. Ce manque crée de l'envie chez certains. Écoutez le message et osez à votre tour créer dans votre vie une réalité qui vous remplit de joie. Prendre sa place, c'est faire des choix qui font vibrer la complétude et la joie dans notre cœur !

♥♥♥ !

L'envie : le signal qui vous montre votre place rêvée

Je constate au cabinet que l'envie prend, chez certains, racine dans une frustration personnelle. Je ne me suis pas donné le droit de réaliser ce rêve, toi tu l'as fait, j'éprouve de l'animosité pour ça, alors qu'en fait la personne est en colère contre elle-même de ne pas avoir osé. Elle envie votre audace, votre liberté, car elle est cadenassée dans sa frustration. Sachez que ce qui vous attire chez les autres vous montre là où vous voulez aller ! L'envie est un sentiment de convoitise à la vue du bonheur d'autrui.

Quand j'ai lancé mon blog, j'ai reçu beaucoup de mails d'inconnus me disant : « Tu as créé le blog que je voulais faire », « J'avais cette idée depuis des années »… Ça me faisait rire parce que ce blog n'avait de but que de me laisser un espace pour créer et me marrer en écrivant des chroniques fun sur mon quotidien de maman, donc je ne prenais les idées de personnes puisqu'elles naissaient au jour le jour dans mon cerveau et que je n'avais aucune ambition de devenir LA blogueuse de Paname, c'était juste un joyeux exutoire. Mais j'avais osé me lancer, et le courage génère diverses réactions ! Plus vous avancez dans votre puissance, plus vous recevez des messages de ce genre. Rassurez-vous, envoyez de la lumière à ces gens et soyez sûr que ces messages parlent plus d'eux : ces personnes vibrent le manque, elles sont focalisées sur ce qu'elles n'ont pas. Lorsque nous vibrons l'amour, les projets des autres, leur réussite, leurs joies nous inspirent, nous invitent à nous dépasser, à nous challenger et surtout nous font chaud au cœur !

Le succès des autres est l'essence que je mets dans ma voiture intérieure, je me dis toujours que si une personne a réussi à faire ce qui m'appelle au plus profond de moi, eh bien je fonce ! Et si personne ne l'a pas fait, je me dis que c'est à moi d'ouvrir la voie, et là... Quelle incroyable aventure !

Transformez ce signal inconfortable en action positive et constructive !

Qu'en pensez-vous ?

Quand avez-vous ressenti une pointe d'envie ?
Ex. : Qu'avez-vous pensé de cette collègue de travail qui est en reconversion professionnelle pour devenir naturopathe alors qu'elle était en contrôle financier dans votre *open space* ?

. . . .

. . . .

. . . .

. . . .

Quelle action pouvez-vous mettre en place pour nourrir la partie de vous qui vous a montré ce dont vous manquiez (audace, courage) ? Ex. : je la contacte pour un café, je regarde si je ne peux prendre des cours du soir de dessin pour me sentir enfin légitime pour l'expo que je prépare depuis cinq ans…

. . . .

. . . .

. . . .

. . . .

Partons maintenant dans une exploration plus intime… de cœur à cœur !

Quel est votre superpouvoir (drôle, enthousiaste, persévérant, joyeux) ?

. . . .

. . . .

Votre péché mignon ? Votre défaut qui fait votre charme ? (Un rire pas commun ? Votre maladresse ? Votre candeur qui vous met dans des situations impossibles en permanence ?…)

. . . .

. . . .

Toutes ces petites caractéristiques sont votre signature, ce qui vous démarque des autres, aimez-les et soyez fier d'elles, elles sont ce qui vous rend unique !

Vous allez maintenant vous rendre hommage ! Vous allez dessiner, dans le point suivant, une jolie fleur avec toutes les facettes qui cohabitent à l'intérieur de vous (ça marche aussi pour les hommes !)

Honorez chaque partie de vous !

Nous allons mettre en lumière et honorer chaque partie de vous. Vous allez écrire au centre de la fleur votre prénom. Ce centre, c'est votre « vous » dans votre essence, sans casquette, sans il faut que/je dois… uniquement votre prénom.

Plus vous nourrissez le centre de votre fleur, plus vous débordez d'amour dans les différentes sphères de votre vie.

Ensuite, dessinez des pétales. Chacune d'elles représente une facette de votre personne : frère/sœur, mari/femme, père/mère, copain/copine, fils/fille…

Allez-y ! Honorez chaque pétale et célébrez chaque partie de vous comme il se doit !

Le but de cet exercice est de vous montrer tout ce que vous êtes ! Nous sommes parfois focus sur un aspect de nous au détriment des autres. Se reconnecter à toutes ces parties de vous vous permet de prendre un peu de hauteur et de vous envoyer de l'amour dans les pétales que vous avez peut-être un peu délaissés ces derniers temps…

Si votre job vous a beaucoup occupé ces derniers mois, envoyez de l'amour dans le pétale « ami/e » et prévoyez-vous un dîner avec vos meilleurs amis la semaine qui arrive, ou envoyez de l'amour dans le pétale « papa/maman » et prévoyez une soirée jeu de société avec vos enfants samedi prochain !

On ne peut pas être au top dans toutes les sphères de sa vie à tout moment. Voilà pourquoi cette fleur est à faire avec beaucoup de compassion, car elle permet un état des lieux à un instant T et propose un axe d'amélioration en fonction de vos priorités du moment. Tout est bien !

Savez-vous communiquer depuis l'espace de votre cœur ? C'est à mon sens une clé fondamentale pour prendre sa place en étant aligné dans sa vie. Plus je suis maître de mes émotions et des actions qui en découlent, plus je suis à même de verbaliser des choix justes et pertinents pour ma vie.

Je communique depuis l'espace du cœur

On nous apprend les maths, l'histoire-géo et la techno à l'école, mais personne ne nous apprend à communiquer ! Personne ne nous guide vers une verbalisation juste de nos besoins et de nos envies. Pire, on empêche l'enfant de dire « je veux » parce que ça ne se dit pas, c'est égoïste, mal élevé… Mais comment savoir ce que vous voulez réellement dans votre vie et l'exprimer aux autres si vous vous êtes coupé de vos ressentis pour être « une bonne personne » ? Je vais vous le dire : on se muselle jusqu'à l'explosion, on refoule jusqu'au point de non-retour, jusqu'à la démission, la séparation, le déménagement, les hurlements, les pleurs. La peur du conflit est la peur numéro 1 dans le *top five* des peurs recensées au cabinet. Cette peur crée de nombreuses dérives et tellement de situations pourraient trouver une meilleure issue si nous savions exprimer ce que nous ressentons ! Communiquer depuis l'espace du cœur change votre posture et transforme votre vie.

Alors, quelle est la clé ?

Je reconnais mes sentiments et je les relie à ce que j'éprouve : L'expression directe des sentiments pose nos paroles sans agressivité et, en partageant un peu de nous, nous créons un moment authentique avec la personne en face de nous. Cette reconnaissance de nos sentiments est primordiale ! Nous avons tendance à condamner l'autre, ses actes, ses paroles parce qu'ils provoquent en nous quelque chose de désagréable. La première question à se poser est : pourquoi cette parole m'a-t-elle blessé ? Que suis-je en train de vivre ? De la colère ? de la tristesse ? Comment puis-je verbaliser cette vérité à l'autre afin que ce moment désagréable cesse.

Prenons un exemple au hasard !

Votre enfant rentre de l'école, fatigué, et énervé à l'idée de travailler (encore et toujours des devoirs !) alors qu'il n'a qu'une envie, se reposer tranquillement avec un livre dans sa chambre (on a le droit de rêver, c'est le pouvoir de l'écriture !!). Bref, vous rentrez du boulot, fatigué de votre journée, vous ramassez le sweat échoué au milieu de l'entrée et à votre question « Comment s'est passée ta journée ? », il vous répond un truc inaudible et désagréable. En fonction de votre niveau de fatigue, il est fort possible que vous ayez envie de lui répondre : « Ah bah c'est toujours agréable de te parler, tu peux pas faire un effort, on ne s'est pas vu de la journée et toi tu m'agresses directement quand je rentre et bah tu sais quoi, la prochaine fois, tu resteras tout seul et moi j'irai boire un verre avec mes copines. »

Afin de pallier tout risque d'explosion de la sorte, je vous invite à faire quelques respirations internes avant de répondre à votre enfant et de lui exprimer ce que ces mots provoquent en vous :

« Je suis contrariée par tes paroles, je suis si heureuse de rentrer pour te retrouver et j'aimerais passer une bonne soirée avec toi mais je suis fatiguée et je n'ai aucune envie qu'on se dispute pour rien, alors on se fait une petite soirée sympa, *deal* ? »

Les enfants adorent les adultes qui sont capables de se définir sans les accuser (tu es insupportable, tu ne fais jamais rien…). Et même si parfois c'est TRÈS dur, je vous assure que ce travail est salutaire et permet de créer un lien de confiance et de respect avec l'autre.

Retrouvez dans vos souvenirs proches un moment où vous auriez aimé vous exprimer en partant de vos sentiments au lieu d'être englouti par eux. Écrivez la nouvelle formulation afin de commencer à l'intégrer dans votre vie :

. . . .

. . . .

. . . .

. . . .

. . . .

Osez, reprenez vos mots, déconstruisez, reformulez, amusez-vous à le faire dans toutes les situations de la journée, repensez à reformuler vos phrases en famille, avec vos amis, avec vos animaux. C'est un pli à prendre, une gymnastique intérieure qui va changer vos relations aux autres. Cette manière de communiquer nous sort de nos réactions automatiques, elle nous permet de faire un pas de côté et de vibrer notre vérité. S'exprimer sincèrement en partant de nos sentiments fait naître des échanges de qualité qui nourrissent l'émetteur autant que le récepteur.

LES TIPS DE CONSTANCE

Quand je sens qu'une réaction monte en moi avant de m'exprimer, je me demande si dans quelques jours je serai fière des mots qui vont sortir de ma bouche. Qu'est-ce que la Constance du futur aurait envie que je dise là tout de suite ? Cette question est très efficace et vous permet de vous remettre dans l'action avec un angle nouveau et juste !

J'honore ma parole et je tiens mes engagements

Honorer sa parole est une règle d'or dans la communication. Si je promets à mes enfants que samedi soir c'est « soirée ciné » et qu'à la dernière minute je décide d'aller prendre un verre avec des amis, l'impact sur mes enfants et moi-même est énorme. Respecter ma parole me permet d'être aligné avec moi-même et avec les autres. Si je ne fais pas ce que je dis, j'empêche la bonne construction de la confiance entre mes enfants et moi et j'abîme la confiance entre mon enfant intérieur et moi. Je crée de l'insécurité à l'extérieur et à l'intérieur de moi. Or la loyauté est une valeur clé pour une bonne estime de soi !

J'aimerais préciser que tenir ses engagements ne veut pas dire que si vous vous sentez mal dans une situation ou que vous réalisez que votre premier choix n'était pas le bon, vous êtes obligé de rester jusqu'au bout. Vous avez le droit de rater, de vous tromper ou de changer d'avis. Il est très important de s'offrir cette souplesse et de ne pas le voir comme un caprice mais comme un ajustement. Trop de personnes se sentent coincées et n'osent pas l'exprimer par peur de passer pour quelqu'un qui n'est pas fiable. Si vous exprimez votre vérité en étant aligné avec ce qui est juste pour vous, vous montrerez à votre interlocuteur que vous savez ce que vous voulez et que vous êtes capable de faire des choix, c'est magnifique !

Posez vos limites, osez dire Non !

« Heureux et libre est celui qui ose dire non ! »

PETER DE GENESTET

Les femmes ont souvent le syndrome de la fille « gentille ». Celle qui doit être adorable en toutes circonstances, sourire, ne pas dire de gros mots, bien se tenir, être agréable…

Stop les filles ! Soyez vous-mêmes ! Personne ne peut tout supporter en permanence, personne ne peut dire oui à tout et à tout le monde. C'est un mensonge de vous à vous et un mensonge qui fait mal. Parce qu'un jour ou l'autre, vous n'arriverez plus à faire semblant et là ça explose !

Êtes-vous déjà passé à la douane dans un pays étranger ? Aux États-Unis par exemple ? Il y a une marque jaune fluo à ne pas dépasser avant de vous présenter à l'agent dans sa petite cabane de verre. Si vous passez cette ligne pour rigoler, vous allez vous retrouver encerclé par deux agents qui, eux, n'ont pas du tout envie de rigoler avec vous.

C'est exactement la même chose pour vos limites à vous ! Oser dire non, c'est poser la bande fluo et faire respecter vos limites, c'est être le molosse qui n'a pas envie de rigoler ! C'est une posture juste, ferme, non négociable et le message est généralement compris cinq sur cinq.

Je suis très banale comme fille donc si j'ai réussi à reprendre le volant de ma vie, vous êtes capable de faire des réglages ou carrément un changement de cap, et vous savez comment ? En tra-va-illant ! Vous commencez à me connaître !

Alors, c'est parti :

Poser une limite, c'est oser dire non quand on n'en a pas envie. Nous avons tous des limites différentes en fonction de notre histoire. Les connaître et les respecter, c'est mettre en place un petit système de surveillance à l'intérieur de votre cœur, comme Verisure dans votre maison. Dès qu'un intrus (ou votre chat planqué sous le lit) débarque, l'alarme sonne ! Et quand l'alarme sonne, ça veut dire : dégage, intrus !

C'est oser dire qu'on n'a pas envie d'aller à ce dîner, qu'on fêtera le 25 décembre tous les 4, que voir la famille réunie, c'est OK 48 heures mais pas 49, que non, on n'est obligé de rien, qu'on ne travaille pas le samedi, qu'on ne vous parle plus jamais sur ce ton, que non on n'a jamais eu le message vocal et qu'on n'a aucun problème de répondeur depuis vingt ans, que passer des vacances avec votre mari et vos enfants est la chose qu'on préfère *versus* un séjour avec du monde (on adore les potes mais notre famille… cœur avec les doigts). Poser vos limites vous honore, vous construit, vous sécurise !

Quelle est la limite à ne plus dépasser pour vous sentir équilibré ?

Par exemple : J'explique à ma voisine que je ne souhaite plus avoir ses enfants dans mon salon tous les soirs. Je lui propose un moment de qualité une fois par semaine.

....

....

....

....

....

J'active mon autorité énergétique pour prendre ma place : je décide

Nous sommes composés à 99,99 % d'énergie donc prendre sa place dans le monde physique est important mais le monde énergétique demande aussi un engagement de votre part. Contrairement à ce que l'on pense, le monde énergétique est très concret. Il a ses règles, ses codes, son éthique. Le travail sur votre alignement dans le physique a des répercussions directes sur votre corps énergétique et inversement. Plus vous êtes en phase, c'est-à-dire que vos pensées, votre cœur et vos actions sont alignés, plus vous êtes puissant et hermétique aux vibrations basses que vous pourriez croiser.

Si par exemple vos actions ne sont pas en lien avec vos pensées ou votre cœur, vous créez une fuite dans votre corps énergétique. Les conséquences d'une fuite sont la fatigue, la migraine, la nausée… Des sensations désagréables qui polluent votre quotidien. D'où l'importance de « décider ! ». Cela ne fait pas de vous un être tyrannique et contrôlant, c'est même l'inverse, car souvent les personnes qui contrôlent cherchent à se couper de leurs émotions pour ne pas souffrir, par peur de ce qui pourrait arriver. Lorsqu'on active son autorité énergétique, notre cœur reste ouvert et confiant, car il sait que nous sommes capables de nous défendre, de dire non ou stop si nécessaire.

Activer son autorité énergétique permet aussi de choisir ce que l'on garde et ce que l'on jette. Certaines personnes se qualifient d'éponges ; elles ressentent tout en permanence et ne savent pas quoi en faire. Elles sont souvent épuisées à la fin de la journée sans comprendre pourquoi. Ces personnes, souvent très empathiques, ne savent pas qu'elles ont le choix, qu'elles ont leur libre arbitre et qu'elles sont en mesure de dire non.

Vous pouvez vous aider énergétiquement en utilisant un costume psychique. Avant un rendez-vous important, un moment avec une personne « technique », imaginez enfiler un manteau de protection, par exemple une veste solaire ou un autre habit lumineux qui vous donnera de la force et vous aidera à garder votre alignement. Vous pouvez également vous imaginer dans une bulle de savon, souple et légère, et la remplir d'amour. Vous sentirez comme ces visualisations sont puissantes lorsque vous les utiliserez !

Votre autorité énergétique est également liée à la conscience de votre *hara*. Que veut dire ce mot ? C'est la porte d'entrée de votre système énergétique. C'est un tout petit endroit auquel vous ne faisiez pas attention avant aujourd'hui. Il se situe trois doigts en dessous de votre nombril. Si vous regardez de près, vous pouvez voir comme un petit renfoncement et cette zone peut être légèrement sensible. Cet endroit est tellement important. Vous en êtes le vigile, celui qui laisse entrer ou sortir les bonnes et les mauvaises énergies. Comment, me diriez-vous ? En activant un mécanisme d'ouverture et fermeture de porte. On y va ?

Prenez quelques minutes pour vous afin de découvrir ce mystérieux endroit. Tenez-vous debout, faites quelques respirations profondes et visualisez que vous guidez votre énergie dans ce petit endroit. Recommencez jusqu'à ressentir une légère vibration. Si vous ne sentez rien, pas de panique, continuez de visualiser l'endroit et descendez l'énergie le long de vos jambes et envoyez-le dans la terre afin de bien vous ancrer. Imaginez une porte ouverte dans ce petit endroit. Visualisez-vous en train de fermer cette porte. C'est en prenant l'entière responsabilité de cette porte que vous pourrez prendre votre place à chaque instant avec n'importe qui ! Cette porte, c'est à vous de la laisser ouverte ou de la fermer quand bon vous semble. Cela demande un peu de patience et de l'engagement personnel dans un premier temps mais avec un peu d'entraînement vous allez voir à quel point vous allez conserver votre énergie.

Après ce petit point énergétique, vous allez rire de vous ! Car l'humour et l'autodérision sont des qualités à ne pas oublier pour évoluer sereinement dans la vie. Prendre sa place, oui, mais n'oubliez pas de rire de vos bourdes. Vous permettez ainsi aux autres de comprendre que la perfection n'existe pas et que rire de soi permet de dédramatiser un grand nombre de situations !

Je ne sais pas si rire peut être une passion, mais elle occupe une très grande place dans ma vie ! Et rire de moi également ! Je vous emmène dans le fabuleux voyage de l'autodérision.

L'autodérision

Qu'est-ce qu'il est important de ne pas se prendre au sérieux ! De rire de soi ! C'est la clé pour avancer tout en légèreté dans la vie. Car la majorité du temps, nos problèmes ne sont pas très graves et pourtant nous leur donnons bien trop d'importance ! Riez de vos défauts, de vos obsessions, de vos bourdes ! Riez de vos maladresses, elles sont ce qui vous rend humain et attachant, riez mes amis, riez ! Le rire est un antidépresseur naturel, il permet de se sentir mieux dans la vie, il est même un allié dans les guérisons physiques ! La joie est contagieuse alors allez-y, contaminez le monde avec votre humour et votre sourire !

Par exemple, un jour, j'ai reçu une personne connue dans mon cabinet. Comme je ne demande que le prénom quand la personne prend son rendez-vous et étant donné que je regarde peu la télé, je ne connais aucun visage connu du monde de la finance, des médias, de la politique. J'ai passé une heure avec un homme qui avait besoin d'un petit recadrage féminin. Je sentais la tension pendant nos échanges et son ego était malmené. Le nettoyage l'a libéré d'un mode de fonctionnement qui le desservait dans toutes les sphères de sa vie. En partant, il m'a regardée et m'a dit : « Jamais une gamine n'a osé me parler comme ça ! Merci, ça m'a fait un bien fou, merci infiniment ! » J'ai appris quelques mois plus tard qui il était et en repensant à nos séances, j'en ris encore ! Est-ce que j'aurais mieux fait en sachant qui il était ? Non, car je me fous de son métier, la seule chose pour laquelle il était venu, c'était pour guérir son cœur !

Grâce à ça, nous avons créé un lien de confiance incroyable !

Riez de vos maladresses et soyez fier d'être imparfait !

Connaissez-vous la chanson de Ben Mazué « Pas très original ». J'adore l'idée de ce texte. Nous remettre à notre place de Terriens qui faisons du mieux que nous pouvons dans notre vie, et c'est OK. Comprendre qu'on n'est tous pas très originaux mais qu'on a tous une place à prendre pour nous et pour le monde !

À vous d'écrire votre petite chanson de 10 lignes sur votre vie pas très originale. Une caricature en musique, pour vous regarder avec bienveillance et amour, pour prendre un peu de hauteur et profiter de ce/ceux que l'on a ! Ajoutez-y un brin d'humour et ce sera magique !

Bravo pour ce joli travail !

N'oubliez pas que le fait de vous redresser physiquement pour prendre votre place engendre un relâchement du nerf vague (celui qui pilote votre système nerveux !). Alors, pour vous donner du courage et oser, sortez vos seins, vos pectoraux afin de revenir dans un état de sécurité intérieure, et en avant la musique !

MÉMO POP

Prendre sa place, c'est oser ! Apprendre, tomber, se relever et recommencer !

« Nous sommes nos choix », disait Jean-Paul Sartre. Alors lancez-vous, connectez-vous à votre courage pour passer à l'action, et assumez. Il n'y a pas de mauvais choix, il n'y a que des expériences qui vous seront utiles tout au long de votre chemin.

Vous avez tous une place à prendre en lien avec vos talents. Vous êtes la graine, à vous de trouver le bon terreau !

Réjouissez-vous des succès des autres et inspirez-vous des gens qui réussissent.

Communiquez depuis l'espace du cœur en reconnaissant vos sentiments et en les reliant à votre ressenti. Amusez-vous à vous reprendre et à reformuler vos phrases pour améliorer vos échanges quotidiens.

Riez de vous ! Prenez du recul sur les petits tracas du quotidien. L'humour est contagieux et rend léger, alors partagez vos rires et sourires au plus grand nombre !

7

Comment créer la vie de ses rêves ?

Qui n'en a jamais rêvé ? Mais la question qui m'intéresse aujourd'hui est plutôt : qui l'a fait ? Et comment y est-il arrivé ? Pas vous ?

C'est une question qui me passionne depuis plus de dix ans, alors vous êtes bien tombé ! Je ne pense pas qu'il y ait des gens pour qui tout est facile et qui ont tout, et d'autres qui ont une vie bien pourrie et qui ne s'en sortent jamais. La seule chose qui diffère entre ces personnes, c'est leur puissance personnelle, leur leadership personnel, la relation qu'elles ont construite à l'intérieur d'elles. Cela leur permet de garder le cap lors des tempêtes de la vie et de rester sur leur chemin. Tous les chapitres précédents vous invitent à renforcer votre construction intérieure pour créer les fondations de votre maison interne. Pour pouvoir être en mesure de vibrer et manifester la vie que vous désirez. Si les fondations ne sont pas « béton », il est plus difficile de vivre, de traverser des expériences en restant ancré. Votre pleine réalisation personnelle réside dans l'expression et l'accueil de votre être profond. Mais vous n'êtes pas seul, l'univers est toujours avec vous…

Nous sommes fréquence et vibration

Notre corps est composé de milliards de milliards de molécules et chaque molécule est constituée de plusieurs atomes. Un atome, c'est 0,001 % de matière appelée le noyau et 99,999 % de vide. Sauf que d'après la physique quantique, ce vide est en fait rempli d'énergie et d'informations. Notre corps est donc composé de cent mille fois plus d'énergie et d'informations que de matière.

Nous sommes donc énergie, nous attirons à nous les personnes, les événements, les situations professionnelles qui vibrent à la même fréquence que nous.

Plus je suis à l'écoute de mes besoins, plus j'honore mes engagements et plus je suis capable de poser mes limites dans mon quotidien, plus je vais certainement attirer des personnes avec qui j'aurai des rapports sains, une vie sentimentale et amicale équilibrante puisque ma vie intérieure est riche et que je suis aligné.

Si en revanche j'ai en moi beaucoup de colère refoulée, j'ai beau être d'une nature calme et souriante, je vais attirer à moi des gens agressifs, un boss colérique, un appartement avec des voisins qui hurlent. Il n'est pas question de mérite dans ces deux exemples, mais de fréquences vibratoires.

On vient souvent me voir en me disant : « J'ai la poisse, il ne m'arrive que des trucs pénibles depuis des mois. » Ce n'est pas de la « poisse », c'est une vibration basse, car vos croyances, votre passé, vos conditionnements font partie de votre vibration. Il est donc normal qu'après le soin, la verbalisation et le nettoyage de certaines émotions inconscientes, la vibration s'élève et la « poisse » disparaît !

Donc, plus je suis en phase, connecté avec qui je suis, plus je suis magnétique et plus j'attire à moi ce que je désire.

Lorsque l'on veut créer quelque chose de nouveau dans sa vie, il est important de regarder où le désir puise sa source : dans quelle énergie ? Celle de l'amour qui vibre haut ou celle du manque qui vibre bas ?

Par exemple : je désire rencontrer une amie sur qui je peux compter. Si derrière mon désir se cache ma peur d'être seule, de ne pas savoir gérer mes problèmes et de n'avoir personne avec qui les partager, alors je vibre la peur et le manque. Je risque d'attirer une personne qui me fera vivre une expérience amicale inconfortable afin de m'offrir la possibilité de régler mes peurs inconscientes.

Lorsque je serai prête à partager de bons moments et à créer une belle relation de confiance, alors je vibrerai l'amour. Je poserai des actions remplies de joie et de gratitude qui élèveront ma vibration à la fréquence correspondant à mon désir. Et bim, je rencontrerai l'amie souhaitée !

Ce n'est pas toujours facile de voir nos vraies motivations. Elles sont fortes pour se cacher sous le tapis. Regardez autour de vous, des messages sont souvent perceptibles dans des événements du quotidien.

Amusez-vous ! Challengez le ciel ! Plus vous musclez votre sécurité intérieure en comprenant vos émotions (vu dans les chapitres 1 et 3 de cette méthode), plus votre capacité de manifestation s'affine et votre magnétisme se libère. Il n'y a rien à créer, vous avez tout à l'intérieur de vous, recouvert par des couches d'émotions, de croyances, d'éducation, de traumatismes. Vous avez tous cet aimant qui ne souhaite que votre réalisation personnelle et l'exploitation de votre potentiel. Le nettoyer, s'en occuper ne doit pas être une corvée mais un jeu, un moment rien que pour vous à la recherche de votre joie.

« Le bonheur de votre
vie dépend de la qualité
de vos pensées. »

MARC AURÈLE

La loi de l'attraction

La loi de l'attraction est une loi de l'univers qui est en mode « *on* » pour chaque personne vivant sur la Terre. Nous sommes des aimants puisque nous sommes vibration et fréquence, donc nous attirons à nous ce que nous désirons consciemment et inconsciemment.

Il ne faut pas être particulièrement spirituel pour que cette loi fonctionne de façon intentionnelle, il faut juste avoir la foi !

Je vous explique : il y a neuf ans, nous cherchions une maison dans un endroit que nous aimons beaucoup au bord de la mer. Nous cherchions un refuge pour notre famille, un endroit « ressource » pour passer de bons moments tous les quatre tout en profitant des bienfaits de la mer. Après quelques mois de visites, nous entrons dans une maison dans laquelle j'ai un énorme coup de cœur. J'ai des visions des enfants descendant l'escalier en courant alors qu'ils n'étaient pas physiquement présents pendant la visite. Je nous vois dans le jardin avec des amis… Nous faisons une offre immédiatement à l'agent immobilier. Je « *tchek* » la main de l'agent (heureux tous les deux, car on avait visité beaucoup d'autres biens avant). Le soir, il m'appelle pour me dire qu'il y a eu une offre juste avant la nôtre avec une autre agence et que la maison ne serait pas pour nous. Je ris et lui dis que ce n'est pas possible, et qu'il me rappellerait bientôt pour me dire qu'elle est pour nous ! Il ne rit pas et me dit qu'il y a très peu de chance que cela arrive. Quelques jours plus tard, il m'appelle, car les gens avaient finalement changé d'avis et choisi la petite fermette à deux rues de là ! On a ri (ensemble !) et il m'a demandé : « vous êtes magicienne ? »

Non, je ne suis pas magicienne mais j'utilise la loi de l'attraction et j'adore jouer ! Donc, jouer avec l'univers m'amuse beaucoup ! Et j'ai la foi. Pas en un dieu d'une religion particulière, j'ai foi en la vie, en la nature, en l'amour, en l'univers. J'ai toujours su que la roue tournait et qu'après les problèmes, les injustices, la malveillance et la peine viennent toujours le soleil, le ciel bleu et l'amour ! Alors quand je suis entrée dans cette maison, j'ai su que c'était la nôtre. C'est irrationnel, comme tomber amoureux, on ne peut pas expliquer ce qui se passe en nous et pourtant on sait qu'on veut être avec cette personne, non ?

Concrètement, c'est quoi la loi de l'attraction ?

Cette loi dit que j'attire tout ce que je désire dans ma vie. Non, vous ne rêvez pas ! Je dis ça parce que la première fois que j'ai lu un livre sur le sujet il y a dix ans, je me suis dit : « Mais bien sûr ! Et si c'était vrai, pourquoi tout le monde n'a pas gagné au loto et ne vit pas sous les tropiques ? »

Parce qu'il faut travailler un minimum sur soi pour pouvoir mettre en lumière nos résistances inconscientes ! C'est en se connaissant et en étant responsable de sa vie que cela fonctionne.

C'est en prenant soin de vos pensées, des mots qui sortent de votre bouche, de vos actions que vous serez en mesure de manifester tout ce que vous désirez ! Car si vous êtes prisonnier de votre passé, de vos conditionnements, vous ne pouvez pas manifester en conscience et vous créez des événements répétitifs inconfortables qui sont là pour vous réveiller !

L'univers est toujours avec vous ! Vous êtes cocréateur de votre vie. Vous vous chargez d'une partie, et l'univers fait le reste.

Voyons les différentes étapes ensemble :

Étape 1 : Demandez

En effet, 9 personnes sur 10 au cabinet ne savent pas ce qu'elles souhaitent ! Elles sont dans un tunnel depuis vingt, trente ans et ne se posent jamais cette question. Que désireriez-vous manifester dans votre vie : l'amour ? votre force intérieure ? un appartement ? une augmentation de salaire ? perdre 5 kilos ? un chien ? l'envie d'être plus serein dans votre vie ? Demandez…

Connectez-vous à votre « pourquoi » depuis votre cœur. Pourquoi désirez-vous cela ?

Étape 2 : Ressentez

Quelle sensation vous inonde en pensant à la réalisation de votre rêve ? Est-ce de la joie, de l'enthousiasme, de la paix ? Laissez-la vibrer dans chacune de vos cellules. Ressentez fort « pourquoi » vous désirez ce rêve. Par exemple : pourquoi je désire cette maison au bord de la mer ? Pour partager des moments magiques avec mon chéri et mes enfants. Pour que mes enfants soient libres d'aller à leurs activités et de voir leurs copains à vélo. Pour que nos amis viennent profiter de ce magnifique endroit avec nous. Pour que je puisse écrire mes romans en face de la mer. Pour ressentir tous les jours la joie et la gratitude de pouvoir aller dans cette maison dès que je le désire. Je ressens tout l'amour que cet endroit m'apporte d'un point de vue personnel et familial.

Étape 3 : Ayez la foi et faites « comme si » votre demande était déjà là

Le comment ne vous concerne pas. L'univers s'en charge. Revenez à votre vie et laissez-vous guider par des actions inspirées, incarnez la version de vous qui a déjà obtenu ce qu'elle désire. Les actions inspirées sont souvent des idées dictées par notre cœur que l'on a sur notre chemin. Elles arrivent comme ça. En général, nous avons du mal à verbaliser d'où cela vient, bien qu'on sente dans notre cœur que c'est ce qu'il faut faire. Osez honorer ces petites voix qui parfois vous sortent de votre zone de confort. C'est un saut dans le vide ! La partie du jeu la plus challengeante est là ! C'est ma préférée ! Rassurez-vous, le chemin que l'univers vous fera prendre ne sera jamais celui auquel vous aurez pensé ! Ce que vous demandez arrive parfois par des voies insoupçonnées, ce qui rend le process encore plus incroyable.

Que signifie « avoir la foi » ?

Avoir la foi reste une des clés principales de la manifestation. Si vous doutez, vous vous connectez à l'énergie du manque et plus vous vibrez le manque, plus vous l'attirez dans votre vie. La foi, c'est la complétude, c'est savoir au plus profond de son cœur que votre désir est déjà là sur un autre plan, qu'il arrive dans le physique.

Comme un petit enfant qui commande un camion de pompier à Noël, il l'a commandé, il est dans la joie de l'avoir et il retourne dans sa vie en sachant sans le moindre doute que son camion sera le 24 décembre sous le sapin ! Qui l'achète ? Avec quel argent ?

Qui le déposera ? sont des questions qui ne le concernent pas... C'est pareil pour vous. Laissez l'univers s'en occuper et vous guider vers les actions qui vous permettront d'avoir ce que vous désirez.

Parfois, la manifestation demande de l'engagement personnel, de l'intuition et du courage !

Plus vous serez connecté à votre enfant intérieur, plus vous serez en mesure d'accueillir les peurs qui pourraient apparaître, et ainsi vous remettre en sécurité. L'univers vous guidera certainement vers la réalisation d'actions que vous n'aviez pas prévues, à traverser des situations inconfortables pour pouvoir faire grandir votre capacité à gérer l'inconnu et à garder votre engagement quoi qu'il arrive.

Si vous avez créé votre entreprise et que vous voulez développer votre business et embaucher dix personnes de plus alors que vous gérez pour l'instant une personne et un stagiaire, il est possible que l'univers vous fasse vivre des expériences pour muscler votre leadership et vos qualités de manager.

Les gens pensent que lorsqu'on demande quelque chose à l'univers, on ne va obtenir que du positif. Or ce n'est pas comme ça que cela fonctionne. Sur votre chemin, tout ce que vous allez vivre est nécessaire à la réalisation de votre plan final. Vous avez parfois besoin de vivre ou revivre une expérience inconfortable pour la guérir définitivement et passer à l'étape supérieure, en étant capable de recevoir ce qui va arriver pour vous.

Faire grandir sa capacité à recevoir le bon et le moins bon fait partie du chemin. Car derrière chaque moment difficile, vous trouverez un cadeau, une opportunité de grandir. Apprendre à recevoir ce qui vous arrive dans la vie, c'est finalement ne plus avoir peur des problèmes, car vous les voyez comme des opportunités de transformation et d'évolution. Ce qui renforcera votre capacité à lâcher prise et décuplera votre foi !

Si vous ne faites aucun sport depuis dix ans et que vous voulez faire votre déménagement tout seul en portant votre lave-vaisselle, lave-linge, lit, cela risque de mal se passer pour votre corps et pour vous. Alors que si vous reprenez le sport une fois par semaine six mois avant et que vous demandez à deux amis de venir vous aider, cela va beaucoup mieux se passer. Parfois, lorsqu'on demande quelque chose d'ambitieux, l'univers enregistre mais comprend que vous ne serez pas capable d'assurer dans l'état actuel des choses. Il va donc mettre en place un plan pour que vous grandissiez avant de recevoir ce que vous désirez. Vous recevrez peut-être des pubs de centre de sport dans votre boîte aux lettres, votre ascenseur tombera en panne et nécessitera une longue durée de travaux vous empêchant de déménager seul, il n'y aura plus de camions à louer le jour que vous aviez choisi pour votre déménagement. Toutes ces péripéties sont le résultat d'un plan parfait qui nous dépasse. Nous comprenons souvent leur sens des mois voire des années plus tard !

Votre engagement personnel est d'autant plus stimulé lorsque vous voulez manifester de grands projets de vie qui peuvent mettre des mois ou des années à se manifester. Entre le moment où vous faites votre demande et sa réalisation, vous aurez de nombreuses qualités à incarner sur votre chemin comme le courage, la témérité, parfois l'audace. Il y aura aussi certainement des défis à relever qui vous feront douter. Relevez-les et revenez à votre désir et dans une foi inébranlable !

Le fait de respecter vos propres engagements vous donne confiance en vous. Ce sont les nombreux engagements que vous avez honorés dans le passé qui permettent de lâcher prise et de sortir du contrôle. Si vous tenez les délais de vos projets depuis toujours, lors de la réalisation de votre nouvel objectif, vous serez en mesure de lâcher prise. Si vous ressentez le besoin de faire autre chose, vous saurez honorer ce besoin, car vous avez confiance en vous et vous savez que vous rattraperez votre retard en temps voulu. Vous avez foi en vous puisque vous vous l'êtes déjà prouvé à de nombreuses reprises. À l'inverse, si vous ne tenez jamais vos engagements envers vous-même, vous vivrez vos retards ou vos doutes comme des problèmes et ils feront naître en vous des émotions comme le stress ou l'anxiété.

Plus vous honorez vos engagements, plus vous vibrez la confiance, plus vous êtes magnétique, plus vous vous amusez avec la loi de l'attraction !

Je visualise mes rêves pour qu'ils se réalisent !

Un de mes outils préférés est le tableau de visualisation. Vous pouvez en faire un par an ou tous les six mois. Pour un projet particulier, un désir ou pour un changement de vibration dans votre vie. Par exemple : je veux plus de joie dans ma vie. Je vais donc coller des scènes où les gens sourient, dansent…

Prenez des journaux papier différents, une paire de ciseaux, une colle et un morceau de carton de la taille d'une feuille A3.

J'aime bien le faire avec mes mains, pour découper, déchirer, sentir le papier sous mes doigts, assembler, trouver la bonne harmonie, la bonne histoire puis coller.

Vous avez différentes façons de faire un tableau de visualisation : soit vous allez collecter au feeling ce qui vous touche et vous inspire en vous connectant à votre cœur (c'est ma façon préférée), soit vous découpez en conscience ce qui est en lien avec votre projet. Vous pouvez même faire des recherches sur Internet, imprimer et coller. Vous pouvez également le faire sur Pinterest ou une autre application de montage photo sur votre ordinateur ou téléphone.

Après avoir passé quelque temps à découper des images, des mots, des paysages, vous allez les placer sur votre tableau pour que celui-ci vibre fort tout ce que vous avez mis en lumière pendant ce travail de recherche. Une fois collées, ces images vous montrent un chemin, votre nouveau chemin. Accrochez-le à côté de votre lit, dans votre salle de bains, il est important de le voir tous les jours. À chaque fois que vous le voyez, remerciez et ressentez toute la gratitude qui vous envahit à l'idée de voir apparaître dans votre vie ce qui est collé sur ce bout de carton.

Chaque année pendant mes ateliers, chaque femme du groupe réalise son premier tableau de visualisation. La première fois est toujours source de grande joie et d'enthousiasme. Lorsque chacune le présente au groupe, nous découvrons les envies des unes et des autres, c'est très beau. Le plus émouvant est quand je reçois un message quelques mois plus tard pour me dire que tout s'est réalisé !

Il m'arrive dans certains cas de mettre la loi de l'attraction en application avec la personne directement dans mon cabinet. Nous travaillons sur les étapes ensemble, la personne repart avec un certain nombre d'exercices à faire chez elle. Nous mettons en place le désir et travaillons sur les blocages qui viennent freiner la pleine réalisation du projet. Puis nous regardons la magie opérer ! C'est ce qui s'est passé pour Maxime…

Retour de consultation

Il y a trois ans, un homme d'une quarantaine d'années vient au cabinet. Quand j'ouvre mon portail, je découvre une personne avec un style vestimentaire pointu et assumé. Il émane de lui une grande liberté et créativité. Je me dis qu'il doit certainement travailler dans la mode ou qu'il évolue dans un milieu artistique. Il me consulte pour une fatigue et une impression de ne pas être au bon endroit. Il travaille actuellement dans une entreprise d'informatique. Pendant le soin, je vois qu'il ne fait pas ce qui l'anime, ce qui le fait vibrer. Il me parle de sa passion pour la joaillerie, il a les yeux qui brillent quand il m'en parle. Il rêverait de travailler dans une grande maison parisienne mais ce n'est pas possible pour plein de raisons personnelles et professionnelles. Il est très créatif et me confie qu'il aimerait faire une nouvelle collection de bijoux dans une maison en particulier dont il me confie le nom. Je lui dis que rien n'est impossible et lui explique la loi de l'attraction. Je lui propose de dessiner sa collection, comme ça, pour s'amuser ! Cela lui permettra de se reconnecter à sa joie, de passer de bons moments avec lui-même et de travailler son coup de crayon. Nous nous revoyons trois fois ensuite, où nous continuons à nettoyer les couches de peurs, les croyances qui le bloquent et l'empêchent de passer à l'action. Il termine de son côté sa collection et fait les exercices que je lui partage. Lorsque nous nous quittons, je sais qu'il aura ce poste, je ne sais pas quand mais je le sens en moi et je sais que lui aussi. Six mois plus tard, il m'appelle, me demande de m'asseoir et m'explique qu'il a postulé en candidature spontanée et qu'il a été embauché ! J'ai pleuré de joie au téléphone et j'ai remercié l'univers pour cette incroyable vie qui s'ouvrait pour cet homme !

La gratitude : la clé de l'abondance

« La gratitude peut transformer
votre routine en jour de fête. »

WILLIAM ARTHUR WARD

Prendre quelques minutes chaque jour pour remercier l'univers pour tout ce que l'on a va changer votre vie. Nous avons tendance à être focus sur le manque : je n'ai pas reçu assez d'amour petit, mes enfants sont ingrats et ne m'embrassent plus, il me faut un nouveau jean, il ne fait pas beau depuis des semaines, il me manque, j'ai peur, je suis déçu. Or plus nous passons de temps dans le manque, plus nous façonnons notre vie à son image.

Comment savoir si je vibre le manque ?

- Vous voyez toujours le verre à moitié vide.
- Vous critiquez les autres en permanence.
- Quand tout va bien dans votre vie, vous cherchez toujours le problème.
- Vous êtes focus en permanence sur ce qui ne va pas dans votre vie.

Et si on renversait la balance ? Si on prenait quelques minutes tous les jours pour dire MERCI. Ce petit mot magnifique qui fait rayonner notre aimant ! Être dans la gratitude, c'est être reconnaissant de ce que l'on a. Si nous reprenons les exemples du dessus :

- Je n'ai pas reçu assez d'amour petit. Je peux le transformer en « merci la vie pour les parents que j'ai eus. Grâce à cette expérience, j'ai développé un certain nombre de qualités pour pallier ou prendre en charge ce manque ». Par exemple : comme mes parents étaient absents, j'ai appris à être seul et à honorer mes passions. J'ai joué des heures de piano tous les soirs, ce qui me permet aujourd'hui d'en faire mon métier.

- Mes enfants sont ingrats et ne m'embrassent plus. Je peux le transformer en « merci la vie d'avoir des enfants grands et en bonne santé. Les baisers se sont transformés en discussion et les voir grandir me remplit de joie et de fierté ».

Tout est une question de point de vue ! Je vous propose de changer vos lunettes et de poser celles du manque pour porter celles de la gratitude ! Elles vont transformer votre vie. C'est une petite gymnastique mentale au début mais vous ne pourrez vite plus vous en passer. Ce n'est pas mettre des paillettes sur quelque chose de négatif, ce n'est pas non plus se convaincre que c'est bien si ça ne l'est pas, c'est simplement voir la situation sous un autre angle ! On ne se voile pas la face, on fait un pas de côté !

La gratitude n'a pas d'âge. On ne nous l'apprend pas, mais nous avons la liberté de l'enseigner à nos enfants :

Le merci du soir

Quand mes enfants étaient petits, j'avais créé le MERCI DU SOIR. Avant de les coucher, nous nous mettions tous les trois dans une chambre, assis sur un lit, et nous récitions cette gratitude du jour, en chœur, et les uns après les autres pour certaines parties :

« Merci la vie, le ciel, les étoiles pour tous les bons moments passés aujourd'hui.

Les trois moments que j'ai le plus aimés sont…

Merci, mon ange gardien, de me protéger et de veiller sur moi, je sais que tu es là, je me sens en sécurité et je te fais confiance. Je t'aime (vous citez tous les prénoms de la famille, chien et chat inclus !)

Je suis beau/belle, intelligent(e), important(e).

J'ai le droit de dire non. J'écoute et j'exprime mes émotions, car elles sont mes meilleures amies. Je me respecte et je respecte les autres. Je prends soin de moi en m'aimant et je me fais confiance.

Je donne trois de mes qualités : drôle, enthousiaste… »

Coup de pouce pour les enfants : quand arrive une grande peur, je pose ma main sur mon ventre et je me connecte à ma respiration. Ma peur s'envole dans le ciel ! C'est magique !

LES TIPS DE CONSTANCE

Ce « merci du soir » a construit un socle solide chez mes enfants mais aussi au sein de notre famille. Même s'ils ne comprenaient pas tout au début, je suis persuadée que ces mots ont conditionné leur force intérieure et leur capacité à prendre leur place dans le monde. À douze ans et quinze ans, ils sont mes premières sources d'admiration et d'inspiration au quotidien !

Savoir dire merci est aussi bon pour le moral ! Regardez ce qu'il se passe quand vous prononcez ce petit mot ! Vous souriez ! « Merci » nous met instantanément dans la joie, alors les jours où vous sentez que vous glissez dans la critique, revenez ici et maintenant et remerciez la vie pour votre appartement, votre lit qui vous permet de bien dormir et d'être en forme le matin, remerciez-la pour le pull qui vous tient chaud ce matin, remerciez votre voisine pour ses bonjours chaleureux à chaque fois que vous la croisez à la boulangerie, remerciez votre chien pour ses câlins, remerciez !

À qui ou à quoi avez-vous envie de dire merci aujourd'hui ?

....

....

....

....

....

Il y a quelques années, une thérapeute m'avait donné un exercice de gratitude à faire en sortant de son cabinet. Elle m'avait demandé de réécrire mon enfance, mes traumatismes, mes blessures en les voyant comme des opportunités, comme des challenges qui m'avaient permis de devenir la femme que j'étais. J'étais très sceptique et même un peu en colère, je l'avoue ! Il fallait que je remercie pour tout ce qu'on m'avait fait vivre, c'était un peu gonflé ! Comme mon objectif était de transformer mon passé en force, je me suis appliquée en faisant cette réécriture de mon passé. Ce fut extraordinaire ! Pas sans émotions, je vous l'accorde, mais très instructif et pertinent !

Je vous invite à prendre le temps de réécrire votre histoire en remerciant les bons comme les moins bons moments et en prenant conscience de ce que tous ces événements ont fait de vous ! Prenez plusieurs feuilles, installez-vous, allumez une bougie, faites brûler un peu d'encens, créez-vous un moment rien que pour vous et lancez-vous !

Comment vous sentez-vous ? En un mot :

. . . .

La gratitude, l'accélérateur de manifestation

La gratitude est un accélérateur de manifestation. Si à chaque fois que vous pensez à ce que vous désirez manifester, vous ressentez une profonde gratitude pour ce qui est en chemin, vous allez voir arriver l'objet de votre désir très rapidement. La gratitude, la joie et l'humour sont toujours au rendez-vous dans la manifestation, je vous raconte...

Un dimanche, pendant mes ateliers sur la manifestation, l'une des participantes avait demandé de voir un hérisson si elle rencontrait un homme bien. C'est une femme pleine d'humour qui a voulu voir si l'univers jouerait le jeu. Deux mois plus tard, elle me raconte au téléphone qu'après un dîner avec un homme qu'elle venait de rencontrer, au moment où il la raccompagnait chez elle, elle a vu un hérisson traverser la rue devant elle ! En plein Paris ! Quelques jours plus tard, en allant à un spectacle de sa fille, elle trouve sous la chaise de sa voisine un hérisson en porcelaine ! Voilà, c'est exactement ça la manifestation ! Il n'y a pas de limites ! Vous pouvez demander n'importe quoi et vous laisser guider ! Quand vous êtes connecté à l'univers, vous allez découvrir un monde plus grand et tellement rassurant. Qu'il est bon de se sentir soutenu !

LES TIPS DE CONSTANCE

L'univers vous envoie de nombreux messages pour vous dire que vous êtes sur le bon chemin. Cela peut être des plumes blanches dans vos chaussures, des pétales de fleurs sur votre voiture, votre chanson préférée au supermarché, des heures miroirs (11 h 11, 12 h 12, 16 h 16...). Toutes ces petites choses s'appellent des synchronicités. Elles sont des messages du ciel pour vous montrer que vous êtes soutenu et sur le bon chemin !

Mon dernier conseil est : « Rêvez d'être tout ce que vous voulez, sans limites, ni règles du jeu ! Écoutez votre petite voix ! Ayez confiance, ne vous retournez pas... »

Pour la suite, vous pouvez la découvrir en musique en écoutant ma chanson « Rêve ».

J'ai écrit cette chanson pour me rappeler et me chanter à moi-même de ne jamais abandonner mes rêves, car tout est possible ! Avec du travail, un brin d'audace et la foi... la vie est pleine de surprises !

Rêve, rêve oui rêve, d'être tout ce que tu veux
Rêve oui rêve, sans limites ni règles du jeu
Rêve, écoute ta petite voix,
Aie confiance, ne te retourne pas

Allez viens suis-moi, chante, danse, crie et pleure
Abandonne tes doutes et tes peurs,
Deviens juste cette mélodie,
Celle de ton rêve si souvent écrit

Avance, oui avance, ne laisse jamais tomber,
Oui accroche-toi, la vie brûle en toi
C'est toi qui as la clé et si ta cage est fermée,
Plonge et va la déverrouiller

Allez viens suis-moi, chante, danse, crie et pleure
Abandonne tes doutes et tes peurs,
Deviens juste cette mélodie,
Celle de ton rêve si souvent écrit

Vole oui vole, finis les protocoles, vole oui vole,
Insoumis et libre, sois ton idole, vole
Et garde au fond de toi la force et toujours le droit de faire tes propres choix

Allez viens suis-moi, chante, danse, crie et pleure
Abandonne tes doutes et tes peurs,
Deviens juste cette mélodie,
Celle de ton rêve si souvent écrit

MÉMO POP

Notre corps est composé de cent mille fois plus d'énergie que de matière. Nous sommes énergie et fréquence vibratoire.

La foi est la capacité de croire que les choses arrivent sans preuve physique.

La loi de l'attraction fonctionne comme un aimant. Vous attirez à vous tout ce que vous vibrez de façon consciente et inconsciente.

Le tableau de visualisation est un outil puissant de manifestation.

Vous avez besoin de nettoyer votre aimant pour libérer votre puissance magnétique en renforçant votre sécurité intérieure.

La gratitude est la clé de l'abondance. Amusez-vous à dire merci à la vie plusieurs fois par jour et observez la magie opérer!

8

Quels sont les secrets de votre âme ?

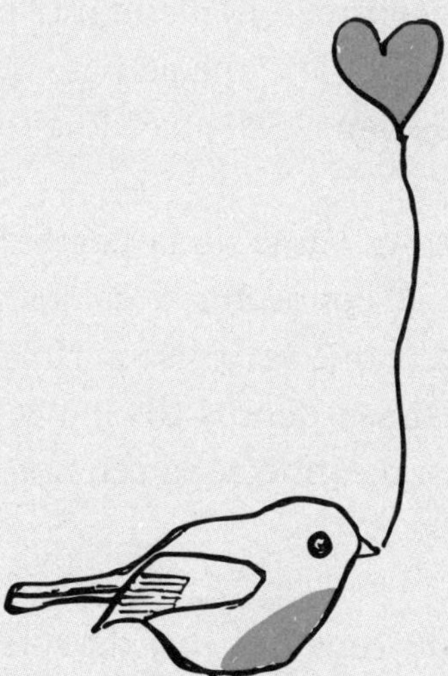

Qu'appelle-t-on une âme ?

Je vous partage ma vision personnelle en clairvoyance, elle n'est pas la vérité absolue, elle est la mienne, celle à laquelle je me connecte au cabinet. Elle est cette partie de vous qui se réincarne de vie en vie. Son objectif est d'élever votre conscience à chaque incarnation à travers un certain nombre d'épreuves qu'elle a la possibilité de transmuter. Elle connaît votre mission de vie et vous transmet souvent des informations à travers votre intuition, des ressentis corporels, comme des frissons dans le dos, la chair de poule. J'appelle cela un « appel de l'âme ». Elle est différente de votre enfant intérieur puisqu'elle est cette partie qui vous connaît depuis de nombreuses incarnations. Elle n'est qu'amour et sagesse. Elle irradie dans une lumière dorée.

Comment s'y connecter ?

Vous pouvez la rencontrer en méditant, en vous promenant dans la nature, en pratiquant une activité qui vous fait du bien. Elle ne vous parle que dans le silence ! Elle est douceur et félicité.

À la fin de chaque soin, l'âme de la personne me montre comment celle-ci peut se connecter à sa joie. C'est toujours un moment merveilleux, car je verbalise parfois une passion secrète ou une passion délaissée depuis dix ou vingt ans à cause du manque de temps. Se reconnecter à cette passion, c'est se reconnecter à votre âme.

L'âme est la partie de vous qui sort de votre corps physique le jour de votre mort. J'ai parfois des visites de personnes décédées pendant mes soins. Je leur sers d'intermédiaire pour transmettre un message personnel. Il m'arrive d'être contactée par une âme avant un soin pour me prévenir que la personne qui arrive a vécu tel ou tel événement.

Une visite ailée pour Martin

Martin a dix ans et vient de perdre son père. Il est très affecté par ce départ mais en « bon » aîné, il a pris sur ses épaules le rôle du père de famille auprès de ses frères et sœurs et fait tout son possible pour rassurer et redonner le sourire à sa mère. Il a mis sa peine de côté. Nous parlons de la mort et je lui explique que son papa est toujours là. Il a juste changé d'apparence. Il peut se manifester de différentes façons mais la plus courante reste les oiseaux. Quelques minutes plus tard, une mésange s'approche de la fenêtre, essaie d'entrer par la porte d'entrée, elle vole collée à la baie vitrée qui est à quelques centimètres du fauteuil de Martin. Sa joie en comprenant que son papa est vraiment là ouvre les vannes de tristesse, fermées jusqu'alors. Pendant que ses larmes coulent sur ses joues, je nettoie la peine de son âme. Nous avons échangé sur ce « costume d'homme » bien trop lourd pour lui et sur le fait que son papa aurait aimé qu'il continue d'être un enfant de dix ans ! Lorsque les oiseaux entrent dans mon cabinet pendant les consultations (ce qui n'arrive cependant pas tous les jours !), il se passe toujours quelque chose d'extraordinaire.

Les âmes utilisent tous les moyens possibles pour exprimer leur amour !

Un mois plus tard lorsque je revois Martin, il me regarde droit dans les yeux et me dit : « C'est pas possible ! T'es venue ouvrir un oreiller de plumes dans mon jardin ? Y en a partout depuis que je t'ai vue ! » et il se jette dans mes bras. Martin est venu me voir en janvier et février (je précise pour les cartésiens !!). Il sait maintenant, grâce aux plumes, que son père est toujours là.

Je remarque que faire son deuil en sachant que l'âme de la personne aimée est à côté de nous est bien plus doux que de se dire qu'il ou elle se trouve dans une boîte au fond d'un cimetière. « La mort », c'est « l'âme hors du corps ». C'est une transformation, un changement d'état, de matière.

LES TIPS DE CONSTANCE

Et si on parlait d'« enciellement » au lieu d'enterrement ? C'est une maman qui venait de perdre son fils qui a prononcé ce mot dans mon cabinet. Je me suis dit « quelle beauté », car oui c'est exactement ça, nous enterrons le corps physique et l'âme s'envole vers la source, le ciel. Alors, la prochaine fois que vous ne savez pas comment accompagner un de vos proches qui vient de perdre une personne chère… glissez-lui ce joli mot à l'oreille !

Les âmes des personnes que l'on aime veillent sur nous. Elles nous envoient des petits signes qui nous font chaud au cœur. Vous pouvez trouver des plumes, les toutes douces blanches sont des signes de vos anges. J'en trouve souvent dans une chaussure, sur ma voiture en plein Paris, au pied de mon lit, sur mon paillasson. Alors, regardez autour de vous ! Éteignez vos téléphones pendant vos trajets en transport et regardez par la fenêtre, observez les personnes qui vous entourent, car les signes arrivent n'importe quand et n'importe où ! Cela peut être un mot sur une pancarte, une musique que votre voisin écoute, un parfum. Accueillez dans votre cœur ces petits cadeaux du ciel !

Un jour, une de mes amies qui a perdu sa maman il y a quelques années m'appelle pour me raconter une histoire incroyable. La veille, dans le train, elle était assise en face d'une dame et de son chien. Elle me dit : « C'était Hippie, le même je te jure, même race, même couleur. » À la fin du trajet, le mari de celle-ci l'appelle pour prendre sa valise et prononce son prénom et celui du toutou devant mon amie stupéfaite. Ils portaient le même prénom que sa mère et son chien. Joli clin d'œil de la vie ! On peut se dire que c'est le hasard, oui c'est vrai. Mais quand on se connecte à son cœur, on sait que cet heureux hasard était un rendez-vous !

Continuons notre exploration de l'âme avec « la boîte mémoire ». Elle garde de vie en vie des traces d'événements que vous avez vécus. Je vous explique :

La boîte mémoire

Nous naissons tous avec une boîte mémoire qui contient : des mémoires karmiques, celles de nos vies antérieures, des mémoires transgénérationnelles de notre famille d'aujourd'hui et des mémoires collectives.

Les mémoires karmiques sont des mémoires en lien avec vos vies antérieures. Vos différentes vies sont liées, donc ce qu'il se passe dans une vie a des répercussions dans la suivante. Mais attention, ce n'est pas parce que vous traversez un moment difficile que vous avez été une horrible personne dans la vie précédente. Mais il arrive que vous recroisiez des âmes de vos vies d'avant pour réparer ou comprendre quelque chose. Ces moments sont incroyables, car au plus profond de vous, vous reconnaissez la personne, c'est inexplicable et pourtant on le sent, c'est tout ! Ces retrouvailles sont parfois douloureuses, elles sont néanmoins nécessaires à l'évolution de votre âme.

Les mémoires transgénérationnelles sont les mémoires que se transmettent les personnes d'une même famille. Traumatismes, peurs, rêves non réalisés. Elles sont inscrites dans les cellules et passent de génération en génération. Je les retrouve souvent derrière ce que l'on appelle « les secrets de famille ». Un grand-père violent, un frère pédophile, une cousine qui est née hors mariage, un abandon d'un parent à la naissance. C'est souvent la honte qui cadenasse et perpétue ces traumatismes. Dans ces familles, on y retrouve souvent un enfant différent des autres membres de la fratrie, qui ne rentre pas dans le moule, qui dit tout haut ce que tout le monde pense ou murmure tout bas. Un hypersensible épris de justice. Surnommé « le mouton noir », c'est celui qui a pour mission de stopper les mensonges, de couper le cycle infernal, de libérer les générations futures de ce poids familial. Cette personne est rebelle, libre, elle cherche à remettre de la vérité et de la lumière dans sa vie et sur sa lignée !

Partage de consultation

Anna vient me voir, car elle veut tourner une page de sa vie. Victime d'inceste par son père, rejetée par sa famille depuis qu'elle a osé dire ce qui lui était arrivé, elle se relève doucement et a besoin de nettoyer quelque chose qu'elle ne comprend pas. Pendant notre échange avant le rendez-vous, elle me parle déjà de son impression d'être prise dans une toile d'araignée. Malgré le chemin parcouru, elle pense, sans pouvoir l'expliquer, qu'il lui manque une pièce du puzzle. Lorsque je me connecte à son âme, celle-ci me dit qu'elle a ouvert une porte et ne comprend pas pourquoi sa mère n'en profite pas pour avouer ce qui lui est arrivé. Je rouvre les yeux et demande à Anna si sa mère a subi des violences sexuelles. Elle me dit qu'elle n'en sait rien mais qu'elle ne comprend pas pourquoi sa mère lui en veut autant et pourquoi elle s'en prend à elle comme ça. Elle pensait avoir son soutien mais ne reçoit que du rejet et des accusations. Quand je me reconnecte, je vois un fil qui relie Anna à sa mère, puis sa mère à sa grand-mère. Anna est venue au cabinet pour se libérer de ce schéma familial. L'inceste existe depuis des générations et il est temps de clore définitivement ces abus. À la fin du soin, elle me dit se sentir légère et prête à appeler sa mère pour avoir une conversation sur le sujet.

Un mois plus tard, je retrouve Anna en consultation. Elle me raconte l'émotion de sa mère lorsqu'elle lui a posé la question. La réponse était oui. Face au courage de sa fille, cette mère revivait son traumatisme, sa honte et sa douleur. Il était plus facile de sortir sa fille de sa vie que d'affronter cette réalité douloureuse. Après cette confidence, mère et fille réapprennent à se voir et à se faire confiance. La maman d'Anna viendra pour une séance de nettoyage et de transformation quelques mois plus tard !

N'ayez pas peur de poser des questions aux membres de votre famille si vous avez des doutes, si vous ressentez une gêne face à une personne en particulier. Votre famille fait partie de vous, vos ancêtres vous habitent, leurs rêves, leurs névroses, leurs échecs, leurs mensonges coulent dans vos veines. Si vous avez l'impression de ressembler à l'un de vos parents dans vos comportements alors que vous faites tout pour vous en libérer, il peut être également question de « loyauté familiale inconsciente ».

Cette « loyauté familiale » pousse une jeune femme à démissionner d'un job qu'elle adore pour monter son entreprise, car c'était le rêve de sa mère ; ou celle qui pousse cette adolescente de dix-sept ans à voir le monde en noir, car son père est dépressif et ne comprend pas que l'on puisse voir la vie en rose. Extravertie avec ses amis, elle s'éteint dès qu'elle rentre chez elle par amour.

Les comportements, frustrations, échecs, victoires de vos aînés conditionnent la personne que vous êtes. Vous en libérer, c'est vous accueillir dans votre intégralité !

Êtes-vous au clair avec votre histoire familiale ?

Avez-vous déjà demandé à vos parents quel était leur plus grand rêve ?

Leur plus grande peur ? tristesse ? échec ?

Connaissez-vous l'histoire de vos grands-parents ? Qui étaient-ils ? Comment se sont-ils rencontrés ? Quels parents/amis étaient-ils ?

Il n'est pas toujours facile d'avoir toutes les informations par notre famille ! Passez par des amis, voisins, cousins éloignés… Il y a bien quelqu'un sur cette Terre capable de répondre à vos questions. Trouvez-le, car ces réponses vont vous faire un bien fou !

Revenons à cette « boîte mémoire ». Elle peut rester fermée toute une vie et ne provoquer aucune gêne. Certains en revanche peuvent naître avec une mémoire de vie antérieure encore très vive et être totalement bloqués dans leur vie d'aujourd'hui à cause de celle-ci. Comme évoqué plus tôt, notre âme se réincarne de vie en vie et garde certains événements en mémoire. Elle se réactive parfois pour que la personne puisse enfin se libérer d'un traumatisme et vivre sa nouvelle incarnation libre !

Partage de consultation

Lilou a onze ans. Depuis sa naissance, sa mère n'a jamais pu lui donner un bain ou une douche. Elle lui fait une toilette de chat tous les matins. Lilou hurle dès qu'elle voit de l'eau. Elle ne peut pas s'approcher de la mer ou d'une piscine. Lorsque je la reçois avec sa maman, je ressens une profonde impuissance chez cette femme qui a tout essayé pour que sa fille soit en paix avec l'eau. J'ai déjà des images en les écoutant et j'invite Lilou à s'asseoir dans le fauteuil. Quand je me connecte à son âme, je me retrouve dans une vie antérieure, elle est à bord d'un gros paquebot, porte une jupe bleu marine avec une veste (je situe généralement l'époque grâce aux vêtements que je vois ; j'estime que cette femme vit dans les années 1920). Elle est triste, je la vois faire des signes à sa mère (de l'époque) qui est restée sur le quai. J'ai ensuite les images du bateau qui coule et Lilou qui se noie. L'émotion est immense. Je nettoie de la terreur, de l'impuissance et du chagrin. Ensuite, je range le livre de Lilou dans une grande bibliothèque. Pour chaque vie antérieure, c'est le même process. Je nettoie la mémoire puis je la range sous forme de livre dans une immense bibliothèque. J'ai appris plus tard que cet endroit s'appelle « les annales akashiques », une bibliothèque cosmique qui conserve les mémoires collectives. Je sais que c'est fini pour la personne en face de moi lorsque le livre est rangé. Quand j'ouvre les yeux, le visage de la jeune fille est transformé. J'explique à sa maman

> ma vision et elle se met à pleurer. « C'est fou mais je sais que c'est ça, on a tout essayé, tout cherché et je sens dans mon corps que ce que vous dites est juste et que c'est enfin terminé ! »

Une semaine plus tard, sa mère, très émue, m'envoie une vidéo de Lilou qui plonge d'un bateau dans la mer ! Et je pleure de joie !

Au début de ma pratique, les vies antérieures étaient les thématiques les plus inconfortables à verbaliser. On ne va pas se mentir, c'est quand même pas commun de venir voir un thérapeute pour une problématique et d'entendre que c'est un blocage qui date d'une vie antérieure au Moyen Âge ! Donc, il m'a fallu oser et ouvrir mon cœur en grand pour partager ce que je voyais. Ce qui se passe pendant ces séances est tellement beau. Cette vérité est reconnue par l'âme de la personne, il y a un déclic, une prise de conscience intime qui est magnifique. On me dit souvent : « C'est incroyable, Constance, même si je n'explique pas ce que vous me dites, je sais au fond de moi que c'est vrai. » Et la transformation dans les semaines suivantes est sublime.

Partage de consultation

Léo et sa maman viennent au cabinet, car Léo qui a neuf ans ne dort pas dans son lit mais dans le tiroir sous son lit. Sa maman s'inquiète, car elle a peur qu'il reste coincé, qu'il s'étouffe lorsqu'il referme le tiroir. Léo m'explique qu'il a peur dans son lit et qu'il se sent en sécurité dans ce petit espace réduit. Il aime être recroquevillé sur lui-même pour s'endormir. Lorsque je me connecte à son âme, je suis avec une petite fille d'à peu près six ans qui est cachée dans les combles d'une maison. J'entends des coups de feu et des mots hurlés dans une langue étrangère. Je reconnais l'allemand. Cette enfant se cache, elle est comprimée dans ce minuscule espace et ne pas bouger la met en sécurité. Je nettoie cette mémoire traumatique pour libérer Léo. Je lui explique ce que j'ai vu avec des mots d'enfants, car son corps a besoin d'entendre son histoire.

Le lendemain, je reçois un message pour me dire que Léo a dormi dans son lit et que les oreillers et la couette ont repris leur place initiale !

Les changements sont généralement très rapides lorsqu'il s'agit d'une vie antérieure, car elle est désamorcée par le nettoyage. Imaginez un bruit qui vous hurle dans les oreilles et vous fait peur, lorsque le bruit s'arrête, votre peur n'existe plus et votre vie reprend toutes ses couleurs !

Les mémoires de vies antérieures peuvent également bloquer tout processus de création, comme celui d'avoir un enfant.

Je reçois souvent de jeunes femmes qui viennent parce qu'elles n'arrivent pas à avoir un bébé. Tous les examens sont bons, il n'y a aucune raison logique ou scientifique qui empêche la personne de vivre une maternité. Mais rien ne marche.

Partage de consultation

Une femme vient me consulter pour cette thématique. Elle vient après son dernier essai de PMA qui n'a pas fonctionné. Cela fait sept ans qu'ils essaient, son mari et elle, d'avoir un bébé mais rien ne marche. Il n'y a aucune raison médicale et on ne comprend pas pourquoi cela ne fonctionne pas. Une amie lui a parlé de moi. Elle est cartésienne, n'y croit pas trop mais n'a rien à perdre, alors elle est là. Lorsque je me connecte à son âme, je suis assise à côté d'une femme en train d'accoucher. Elle hurle, la sage-femme de l'époque, je pense que nous sommes au XVIIIe siècle (là encore, je me fie aux vêtements et objets que je vois en vision). C'est un accouchement difficile qui se termine mal puisque la jeune femme meurt avec ses deux bébés dans le ventre. J'ai accès à la scène et à ce qu'il se passe à l'intérieur de la jeune femme. Je vois les bébés en détresse et la fin terrible qu'ils vivent tous les trois. Cette mémoire vibre chez la jeune femme en 2022, d'où son blocage inexplicable. Une partie d'elle ne veut pas revivre une telle douleur et bloque la possibilité d'avoir un enfant. Nettoyer les mémoires de cette vie antérieure va libérer la jeune femme de son traumatisme et lui permettra de tomber enceinte.

Deux mois plus tard, je reçois un message pour me dire qu'elle attend un enfant, qui est venu naturellement ! Et là je repleure de joie ! Merci la vie, l'univers et les étoiles !

Dans cette boîte mémoire, il y a aussi des mémoires collectives, celles qui nous lient tous les uns aux autres. Que nous soyons femme, homme, de France ou du bout du monde, nous vibrons tous à l'unisson. Ce que vivent les femmes qui se battent pour leur liberté résonne chez chaque femme du monde. Cette conscience doit nous réveiller, car tout ce que nous vivons à titre personnel impacte chaque personne de cette planète. Les mots qui sortent de notre bouche, nos pensées et nos actions envoient des vibrations dans l'univers. Plus nous vibrons haut, plus nous élevons la vibration collective. Plus nous prenons nos responsabilités dans notre vie avec tout le travail vu dans ce livre, plus nous prenons notre juste place dans notre vie mais aussi auprès des autres !

Conclusion

Bravo d'être arrivé jusqu'ici ! Vous pouvez être fier de votre travail personnel tout au long de votre lecture ! Bravo pour votre engagement et votre constance :) !

J'ai un dernier challenge à vous proposer ! Celui de devenir le leader de votre vie dès maintenant.

Comment ? En mettant en place des petits rendez-vous avec vous-même dès aujourd'hui !

Être le « leader de votre vie », c'est être capable de vous diriger quoi qu'il arrive. Les 99 % du temps à la fin d'un livre, vous le rangez dans votre bibliothèque et basta (je fais la même chose). Tous les bénéfices de votre lecture partent en quelques semaines aux oubliettes, sauf si vous avez pris des notes et que vous relisez vos fiches tous les soirs avant de vous coucher (dans ces cas-là, vous êtes mon idole !)

Afin de continuer votre construction intérieure, je vous propose de choisir trois outils à mettre en place dès à présent dans votre vie. Programmez-vous des petits réveils sur votre téléphone pour ne pas oublier de les faire. Notez, dans votre agenda, d'en choisir des nouveaux dans quelques semaines et laissez ce livre à portée de main dans votre chambre. Sans cette mini-organisation, vous retomberez dans votre quotidien en un claquement de doigts ! Alors, dirigez-vous ! Soutenez-vous ! Soyez aligné avec la plus haute version de vous-même !

Rappelez-vous : « Vous êtes vos choix », alors faites partie de la team des « éclaireurs » ! Ceux qui prennent leur place et sont alignés à leur joie ! Ils ne sont pas là pour convaincre qui que ce soit mais ils inspirent les autres par leur lumière et leur puissance intérieure.

Que choisissez-vous de faire de toutes vos découvertes personnelles ? Qu'avez-vous envie de continuer à muscler ? Votre intelligence émotionnelle ? votre connexion avec votre enfant intérieure ? votre capacité à poser des limites ?

Restez en mouvement et avancez pas à pas en vous rappelant toujours que nous sommes des humains faillibles, que la perfection n'existe pas et que seul l'amour que vous vous donnez sera source de transformation !

Happypopez bien !

À très bientôt pour de nouvelles aventures…

Constance

Remerciements

Un immense merci à vous chers lecteurs, merci d'avoir acheté ce livre, de l'avoir pris dans vos mains et de vous être dit « Pourquoi pas ? » ! J'espère que vous sortez grandi de votre lecture et boosté pour mettre en place certains outils dans votre vie !

Un grand merci à toutes les personnes qui me font confiance et avec qui je vis des moments magnifiques au cabinet, que ce soit en consultation ou en groupe. Afin de protéger votre intimité, j'ai pris soin de changer vos prénoms ainsi que certains détails de ce que nous vivons ensemble au cabinet.

Big up au groupe mensuel de cette année ! Vous êtes magnifiques les filles, merci pour tout ce que nous avons partagé !

Un grand merci à ma fine équipe d'amour sans qui ce livre n'aurait pas vu le jour !

Un immense merci à mon mari pour son soutien permanent, sa bienveillance rassurante et son écoute. Merci d'avoir pris ma main il y a 22 ans et de ne jamais l'avoir lâchée même quand c'était difficile. Merci d'être la plus belle personne que je connaisse. Ta gentillesse, ton humilité et ta loyauté m'inspirent au quotidien. Merci pour les heures de relectures et tes conseils. Je t'aime de tout mon cœur.

Merci mon Polo pour ta gentillesse et ta force douce. Tes petites attentions quotidiennes, ta clairvoyance sur certaines situations et ton soutien sont de véritables cadeaux pour toute notre famille ! Ta sagesse et ta détermination sont tes grandes qualités, continue de faire ce qui fait battre ton cœur et fonce !!

Merci ma Jo pour ta lumière. Tu es un grand éclat de rire qui chasse les nuages, un rayon de soleil qui illumine notre famille ! Ton sourire réchauffe nos cœurs. Tu pétilles de passion, d'énergie et d'amour. Ta liberté et ta créativité sont tes points forts ! Fais-toi confiance et amuse-toi ! À cheval ou à pied !

Réalisez vos rêves ! Écoutez-vous ! Vous avez tous les outils mes petits cobayes !!

Je vous aime tant, merci de m'aider à grandir à vos côtés, je suis si heureuse d'être dans votre équipe. Je serai toujours là pour vous !

Merci à mon adorable et si délicate éditrice Marie. Je crois qu'on peut parler d'un coup de cœur ! Une rencontre magnifique et des mois de travail tout en douceur, quel bonheur, merci de tout cœur !

Merci au Courrier du Livre des éditions Guy Trédaniel pour votre confiance, c'est une joie de faire partie de votre jolie maison.

Merci à Manh et My pour votre partage et votre gentillesse !

REMERCIEMENTS

Un immense merci à mes amis de longue date ou fraîchement rencontrés. Merci pour votre enthousiasme, vos retours pleins d'émotions, votre adorable participation, votre soutien, votre humour et votre joie pour chaque projet, depuis plus de vingt-cinq ans pour certains. Merci pour les vocaux et mots doux d'encouragement tout au long de l'écriture. Je suis si chanceuse de vous avoir dans ma vie.

Un merci également à ma famille sans qui ce livre n'existerait pas.

Merci à tous les thérapeutes, guérisseurs, chamanes que la vie a mis sur mon chemin. Chère Muriel, tu auras toujours une place spéciale dans mon cœur.

Merci à Oly et Chips mes compagnons de route pour les câlins et ronrons pendant l'écriture de ce livre. Merci à tous les animaux qui se promènent dans mon jardin et dans mon cabinet !

Et enfin, merci la vie pour tout ! Même si parfois ça pique, tu es pleine de surprises et tu exauces les vœux et ça, c'est quand même magique !

Alors comme je le dis en chantant :

Aime, ose, vis, passionnément, à la folie !!

Table des matieres

Notes

Achevé d'imprimer en février 2025
sur les presses de la Nouvelle Imprimerie Laballery
58500 Clamecy
Dépôt légal : février 2025
Numéro d'impression : 501646

Imprimé en France

La Nouvelle Imprimerie Laballery est titulaire de la marque Imprim'Vert®